SCHRIFTENREIHE DES IFO-INSTITUTS FÜR WIRTSCHAFTSFORSCHUNG

Nr. 118

IFO-INSTITUT FÜR WIRTSCHAFTSFORSCHUNG

Strukturpolitik für traditionelle Industriezweige in Japan

Von

Helmut Laumer und Wolfgang Ochel

unter Mitarbeit von

Sueo Sekiguchi und Jens-Uwe G. Jungnickel

DUNCKER & HUMBLOT / BERLIN-MÜNCHEN

CIP-Kurztitelaufnahme der Deutschen Bibliothek

Laumer, Helmut:
Strukturpolitik für traditionelle Industriezweige in Japan / von Helmut Laumer u. Wolfgang Ochel. Ifo-Inst. für Wirtschaftsforschung. — Berlin; München: Duncker und Humblot, 1985.
(Schriftenreihe des Ifo-Instituts für Wirtschaftsforschung; Nr. 118)
ISBN 3-428-05920-4

NE: Ochel, Wolfgang:; Ifo-Institut für Wirtschaftsforschung ⟨München⟩: Schriftenreihe des Ifo-Instituts ...

Satz: Werksatz Marschall, Berlin 45; Druck: Werner Hildebrand, Berlin 65
Printed in Germany

ISBN 3-428-05920-4

Vorwort

Der wirtschaftliche Aufstieg Japans, seine Exporterfolge und seine hohe Flexibilität bei der Anpassung an externe Schocks haben in den letzten Jahren zunehmende Aufmerksamkeit in der wirtschaftswissenschaftlichen Forschung der Bundesrepublik Deutschland gefunden. Auch das Ifo-Institut hat seine Japan-Forschung intensiviert. Es konnte sich dabei auf die großzügige Kooperation japanischer Ministerien und Forschungseinrichtungen sowie der japanischen Wirtschaft stützen.

Hiermit legt das Ifo-Institut eine Studie zum Thema „Strukturpolitik für traditionelle Industriezweige in Japan" vor. Diese Untersuchung wurde im Auftrag des Bundesministeriums für Wirtschaft durchgeführt. Sie zeigt, daß Japan in sehr viel stärkerem Maße als die meisten europäischen Länder versucht hat, eine Politik der positiven Strukturanpassung zu verfolgen.

Bei der Vorbereitung und Durchführung der Untersuchungen in Japan wurde das Ifo-Institut unterstützt von Professor Sueo Sekiguchi von der Osaka University, einem auf dem Gebiet der japanischen Industriepolitik anerkannten Experten, und von Jens-Uwe G. Jungnickel, LL.M. von der Tokyo University. Die intensiven Diskussionen mit ihnen haben zum Gelingen der Arbeit wesentlich beigetragen. Bei der Auswertung des Materials war Yuji Kakimi, Gastforscher am Ifo-Institut, behilflich. Ihnen allen, wie auch dem Japan Economic Research Center, das die Verfasser organisatorisch unterstützte, gilt unser besonderer Dank.

München, im Juli 1985

Prof. Dr. Karl Heinrich Oppenländer

Präsident
des Ifo-Instituts für Wirtschaftsforschung
München

Inhaltsverzeichnis

Tabellenverzeichnis

Abbildungsverzeichnis

1. Aufgabenstellung, Begriffsbestimmung und methodisches Vorgehen

Seit der ersten Hälfte der siebziger Jahre sehen sich alle westlichen Industrieländer mit gravierenden strukturellen Problemen konfrontiert. Einige traditionelle Industriezweige haben fast schlagartig an Bedeutung verloren, während andere (moderne) Sektoren ihren Anteil an der industriellen Wertschöpfung erheblich vergrößern konnten. Dieser Strukturwandel ist durch Nachfrageverschiebungen, technischen Fortschritt, Veränderungen der internationalen Arbeitsteilung sowie durch das Auftreten exogener Angebots- und Preisschocks verursacht worden. Strukturwandel trägt zum wirtschaftlichen Wachstum einer Volkswirtschaft bei, ist andererseits aber auch mit Anpassungskosten verbunden, welche die Unternehmer und Arbeitnehmer schrumpfender Industriezweige zu tragen haben[1]. Diese Anpassungskosten sind umso höher, je weniger es gelingt, den Strukturwandel reibungslos zu bewältigen. Die Bedingungen für eine reibungslose Bewältigung (hohes und stetiges wirtschaftliches Wachstum, geringe Arbeitslosigkeit, flexible Güter-, Arbeits- und Kapitalmärkte) haben sich seit Anfang der siebziger Jahre verschlechtert. Der Strukturwandel wurde dadurch zum Problem.

Die einzelnen Länder haben auf die veränderten Rahmenbedingungen und die aufgetretenen Strukturprobleme mit unterschiedlicher Flexibilität und Anpassungsbereitschaft reagiert. In den meisten europäischen Ländern wurde den strukturellen Anpassungszwängen erheblicher Widerstand entgegengesetzt. Nur wenige Länder haben Ansätze einer strukturellen Anpassungspolitik entwickelt. Japan dagegen hat in sehr viel stärkerem Maße versucht, eine Politik der positiven Strukturanpassung zu verfolgen. Diese bestand in der Förderung neuer technologieintensiver Industriebereiche und in Hilfestellung bei der Anpassung schrumpfender Industriezweige an die veränderten Angebots- und Nachfragebedingungen. Vieles deutet darauf hin, daß diese Politik in Japan erfolgreich war. Ob dies tatsächlich so ist, mit welchen Instrumenten die japanische Regierung Strukturpolitik für traditionelle Industriezweige betrieben hat bzw. betreibt und ob die japanischen Erfahrungen auf die Bundesrepublik Deutschland übertragbar sind, darauf soll diese Studie Antwort geben.

---

[1] Vgl. OECD, Positive Adjustment Policies, Managing Structural Change, Paris 1983; OECD, Government Aid: The Positive Adjustment Perspective, Paris 1984.

Strukturpolitik umfaßt das gesamte Spektrum von staatlichen Maßnahmen zur Beeinflussung des Strukturwandlungsprozesses. Die Strukturanpassungspolitik als Teilbereich der Strukturpolitik zielt nach Auffassung der OECD auf eine größere Flexibilität der Güter-, Arbeits- und Kapitalmärkte ab, um so die Fähigkeit der Marktwirtschaft zur Selbstregulierung zu verbessern[2]. Sie sieht darüber hinaus den Einsatz staatlicher Maßnahmen vor, um die privaten Kosten des Strukturanpassungsprozesses zu kompensieren und damit den Widerstand der Betroffenen gegen den Strukturwandel zu verringern (Subventionierung der Akzeptanz des Wandels)[3]. Mit staatlichen Maßnahmen soll auch der zeitliche Verlauf des Strukturanpassungsprozesses gesteuert werden, und zwar so, daß von Entlassung bedrohte Arbeitskräfte strukturschwacher Industriezweige einen neuen Arbeitsplatz finden können, ohne vorher arbeitslos zu werden. Diesem Verständnis von Strukturanpassungspolitik folgt auch die japanische Industriepolitik, die sich das Ziel setzt, den Transfer von Ressourcen (Arbeit, Kapital) aus schrumpfenden (traditionellen) in wachsende (neue) Sektoren so friktionsarm wie möglich zu bewältigen. Sie strebt darüber hinaus seit 1983 die Revitalisierung strukturschwacher Industriezweige durch Förderung von Prozeß- und Produktinnovationen an. Auch diesen Ansatz der Strukturpolitik für traditionelle Sektoren hält die OECD für gerechtfertigt[4].

Neben dem Begriff der Strukturpolitik bedarf der der „traditionellen“ Industriezweige einer Erläuterung. Unter „traditionell“ sollen hier nicht alte Industrien verstanden werden. Wie die Beispiele Maschinenbau und Textilindustrie zeigen, ist der Zeitraum, der seit der Errichtung von Industrien in einem Land vergangen ist, kein Kriterium dafür, ob diese vor Strukturproblemen stehen oder nicht. Auch alte Industrien können durch Produkt- und Verfahrensinnovationen, Erkundung von Marktnischen usw ihre Existenz immer wieder sichern. Unter „traditionellen“ Industriezweigen sollen in dieser Arbeit vielmehr diejenigen Branchen verstanden werden, deren Kapazitätsauslastung durch Nachfrageveränderungen und Verminderung der Wettbewerbsfähigkeit gesunken ist. Im Falle Japans handelt es sich hierbei primär um energieintensive Grundstoffindustrien, deren Wettbewerbsfähigkeit durch die zwei Ölpreiskrisen beeinträchtigt wurde. Die „traditionellen“ Industriezweige werden in dieser Arbeit auch als strukturschwache oder als schrumpfende Industriezweige („declining industries“) bezeichnet.

[2] Vgl. OECD, Positive Adjustment Policies, Managing Structural Change, a.a.O.; Manfred Wegner, Strukturpolitik in ausgewählten westlichen Industrieländern, Vortrag für das XVIII. FIW-Symposion vom 21.-23.2.1985 in Innsbruck.

[3] Vgl. Bernhard Gahlen, Anpassen statt erhalten, in: Wirtschaftswoche Nr. 18 vom 29.4.1983; Bernhard Gahlen, Strukturpolitik und soziale Marktwirtschaft, in: Otmar Issing (Hrsg.), Zukunftsprobleme der sozialen Marktwirtschaft, Schriftenreihe des Vereins für Socialpolitik, NF Band 116, Berlin 1981, S. 853 ff.

[4] Vgl. OECD, Positive Adjustment Policies, Managing Structural Change, a.a.O., S. 13.

Bei der vorliegenden Untersuchung handelt es sich um eine empirisch-analytische Studie. Die Auswertung der zu diesem Thema vorliegenden Literatur bzw. der einschlägigen Statistiken sowie umfangreiche persönliche Recherchen bei allen an den Entscheidungsprozessen Beteiligten (Unternehmen, Verbandsvertreter, Ministerialbeamte, unabhängige Sachverständige) stand deshalb im Mittelpunkt der Forschungsarbeit. Ende 1984 fanden zwei Informationsreisen nach Japan statt, bei denen Ministerien und sonstige staatliche Institutionen, Industrieverbände, einzelne Industrieunternehmen, Banken, Forschungsinstitute und Botschaften besucht wurden. Darüber hinaus wurden Gespräche mit Wissenschaftlern verschiedener Universitäten geführt. Die Stellungnahmen der japanischen Gesprächspartner, die durchaus kontroverse Standpunkte beinhalteten, haben einen wichtigen Beitrag zur Meinungsbildung der Verfasser geleistet, ohne daß die einzelnen Meinungen in der Arbeit erwähnt wurden. Zwei Aufenthalte in Hiroshima und Nagasaki dienten der Evaluierung der Industriepolitik „vor Ort".

Die japanischen Gesprächspartner standen der Studie durchweg sehr aufgeschlossen gegenüber; sie erwiesen sich als hilfsbereit und kooperativ. Insbesondere bei den Ministerien sowie der „Fair Trade Commission" schien das Interesse groß, durch Offenheit bei der Diskussion kritischer Punkte zu einer objektiven Darstellung beizutragen.

2. Grundzüge der Industriepolitik

2.1 Die japanische Auffassung vom industriellen Strukturwandel und vom strukturpolitischen Handlungsbedarf

Strukturpolitik hat in Japan eine lange Tradition. Erste konkrete Ansätze werden im „Exporters Association Law" von 1925 gesehen, mit dem die Ausfuhraktivitäten kleiner und mittlerer Unternehmen gefördert wurden[1]. Es war in Japan zu keiner Zeit ernsthaft umstritten, daß man als „Nachzügler" im Kreis der kapitalistischen Industrienationen zu diesen nur aufschließen könne, wenn der Staat „Entwicklungshilfe" leiste[2]. Seit den fünfziger Jahren geschieht dies mit bemerkenswerter Konsequenz, großer Flexibilität und — trotz mancher Mißgriffe im Detail — unbestreitbarem Erfolg. Der massiven Unterstützung des Aufbaus der Schwerindustrie und der Chemie folgte — um nur die großen Entwicklungslinien zu skizzieren — in den siebziger Jahren (auf der Grundlage der vom „Ministry of International Trade and Industry" (MITI) formulierten „Visions for the 1970s") die Förderung der sogenannten „wissensintensiven" Industrien. Seit Beginn der achtziger Jahre wird (den „Visions for the 1980s" folgend) als Ausfluß der Lehren aus den zwei Ölpreiskrisen der Aufbau von Industriezweigen auf der Grundlage von Spitzentechnologien gefördert[3].

Die in den USA und einigen westeuropäischen Industrieländern vorherrschende Skepsis gegenüber jeder staatlichen Beeinflussung des industriellen Strukturwandels, insbesondere dem als technokratische Verschleierung eines tiefsitzenden Protektionismus verstandenen „industrial targeting", wird in Japan zweifellos nicht geteilt. Es herrscht dort im Gegenteil ein breiter Konsens darüber, daß die Regierung die Aufgabe habe, ganz bewußt zu versuchen, den Strukturwandel zu beeinflussen. Übereinstimmung besteht

---

[1] Vgl. z. B. Chalmers Johnson, MITI and the Japanese Miracle — The Growth of Industrial Policy 1925 - 1975, Stanford 1982, S. 98.

[2] Vgl. hierzu auch Gary R. Saxonhouse, Industrial Restructuring in Japan, in: The Journal of Japanese Studies, Vol. 5, No. 2, Summer 1979, S. 273 ff.

[3] In Japan spricht man in diesem Zusammenhang auch vom Übergang von den sog. „Tonnen-Kilogramm-Industrien" zu den „Gramm-Milligramm-Industrien"; vgl. z. B. Isamu Yamashita, Changing Industrial Structure and Business Strategy, in: Keidanren Review, No. 81/June 1983, S. 2 ff.

aber — auch nach Meinung ausländischer Beobachter[4] — ebenfalls darin, daß dies mit marktkonformen Methoden zu geschehen habe[5].

Die japanische Regierung spielt nach wie vor eine vergleichsweise starke und einflußreiche Rolle bei der industriellen Entwicklung. Anders als früher kommt aber interventionistischen und protektionistischen Elementen kaum mehr größere Bedeutung zu als dies bei den wichtigsten Handelspartnern Japans, insbesondere den USA, der Fall ist. Staatliche Hilfen und Kredite für begünstigte Industriezweige sind eher knapp. Die japanischen FuE-Ausgaben werden nur zu 30% vom Staat finanziert (in den USA und Europa dagegen zu fast 50%). Der staatliche Verwaltungsapparat ist stets klein geblieben. Zweifellos aber ist die japanische Industriepolitik effektiver, weil sie vergleichsweise gut koordiniert ist und durch sozioökonomische und kulturelle Faktoren unterstützt wird. Die Einwirkungsmöglichkeiten der Industriepolitik beruhen vor allem auf der Überredungskraft des dafür in erster Linie zuständigen MITI und dem Konsens über die nationalen Ziele. Trotz der relativ hohen Effizienz der Industriepolitik sind die industriellen Erfolge Japans in erster Linie seinen dynamischen, investitionsfreudigen Unternehmen zuzuschreiben, die erheblich rascher und konsequenter auf den Strukturwandel reagiert haben als anderswo.

Ähnlich wird der Stellenwert der Industriepolitik in Japan selbst eingestuft. Für breite Kreise der Wirtschaft dürfte folgende Meinung typisch sein: „The basic trends of Japan's industrial development come from the market. The trends are then identified by the consensus judgment of government and business working together. Only then does the government take action. But it does not dictate or control. Rather, its role is to organize the national effort, coordinate activities and programs, help to channel resources, and make sure that its policies are consistent with each other and with market trends. And it goes without saying that the government's policies could not work without the energy and ability of the private sector. The policies are effective, but ultimately Japan's industrial success depends on the skills of business management, the loyality of the work force, rapid productivity growth, quality products and high standards of delivery and service[6].

---

[4] Vgl. z. B. die in „The Meaning of the Japanese Experience" (Journal of Japanese Trade & Industry, No. 3/1983, S. 37 ff.) geäußerte Meinung der amerikanischen Japanologen Chalmers Johnson und Ezra Vogel.

[5] So werden nationale Pläne und sektorale Produktionsziele („targets") von der Regierung und auch von der Privatwirtschaft keineswegs als verbindliche Vorgaben, sondern lediglich als Orientierungshilfen aufgefaßt, zumal sie häufig abgeändert werden, wenn neue Erkenntnisse vorliegen. So auch die offizielle Einschätzung der amerikanischen Regierung (vgl. Economic Report of the President, Febr. 1984, S. 95): „Japans economy is not centrally planned, nor is there much government ownership of manufacturing firms. Although the government may provide incentives to encourage the development of certain industries, it does not force individual firms to comply with these targets."

[6] Yoshizo Ikeda, No Need to Apologize — Explaining Japanese Industrial Policies, in: Speaking of Japan, February 1984, S. 16 ff.

2.2 Zielsetzung und Instrumentarium der Industriepolitik

2.2.1 Ziele

Die japanische Industriepolitik sieht ihre Aufgabe heute vor allem darin, die Wünsche und Bedürfnisse der Gesellschaft zu decken, indem sie eine kreativitäts- und technologieintensive Industriestruktur fördert, die umweltschonend, rohstoffsparend und verbraucherfreundlich ist. Aufgabe der Regierung ist es dabei nach japanischer Auffassung, die sich abzeichnenden Trends zu prognostizieren, und der Industrie, wenn nötig, dabei zu helfen, sich in diese Richtung zu entwickeln[7]. Dabei lassen sich drei Zielrichtungen unterscheiden:

— *Förderung junger, zukunftsorientierter und vorwiegend technologieintensiver Industriezweige.* Zu diesen Industrien gehörten in der Vergangenheit die petrochemische Industrie (1955), die Schwermaschinen- und Automobilindustrie (1955), die Elektronikindustrie (1957) und die Luftfahrtindustrie (1958). In den siebziger Jahren wurde die Computerindustrie stark gefördert; erinnert sei z. B. an das 1976 aufgelegte Programm zur Förderung der Entwicklung der Komponenten für höchstintegrierte Schaltkreise (VLSI). Heute gibt es entsprechende Förderungsprogramme für zukunftsorientierte Technologien, insbesondere für die Erschließung neuer Energiequellen und für Energieeinsparung, Biotechnologie und Informationsverarbeitung[8].

— *Schutzmaßnahmen zur Erhaltung traditioneller Industrien.* Begründet werden die entsprechenden protektionistischen Maßnahmen mit der nationalen Sicherheit, der Erhaltung von Arbeitsplätzen für benachteiligte Bevölkerungsgruppen oder mit der Entwicklung bestimmter Regionen. Das gravierendste Beispiel aus dem Bereich der verarbeitenden Industrie ist die von den „burakumin", einer sozial diskriminierten Minderheit von 1,84 Millionen Einwohnern, betriebene Lederindustrie. Die Regierung schützt diesen Wirtschaftszweig nach wie vor durch Einfuhrrestriktionen und Investitionskontrollen, also mit streng protektionistischen Maßnahmen. Die japanischen Verbraucher sind so gezwungen, für die einheimischen Erzeugnisse hohe Preise zu zahlen, anstatt auf weniger teure Importwaren zurückgreifen zu können.

— *Anpassungshilfen für strukturschwache Industriezweige.* Ziel ist es, Ressourcen (Kapital und Arbeit) aus schrumpfenden traditionellen in wach-

[7] Vgl. Japanese Industrial Policy, Remarks by Sadanori Yamanaka, Minister of International Trade and Industry, April 18, 1983, in: Focus Japan, Jetro Special Report, May 1983, S. 1 ff.

[8] Vgl. Helmut Laumer, Forschung in Japan, Reihe Japanwirtschaft, Heft 17, Deutsch-Japanisches Wirtschaftsförderungsbüro, Düsseldorf 1984.

sende und zukunftsträchtige Industriezweige zu transferieren. In den fünfziger und sechziger Jahren waren entsprechende Maßnahmen fallweise getroffen worden, beispielsweise für den Kohlebergbau und die Textilindustrie. Nachdem infolge der Ölpreiskrise von 1973/74 eine Reihe von Grundstoffindustrien ihre internationale Wettbewerbsfähigkeit verloren hatte und empfindliche Absatzeinbrüche hinnehmen mußte, gewann dieser Bereich im Rahmen der gesamten Industriepolitik immer größere Bedeutung; die in den Jahren 1978 und 1983 in Kraft getretenen einschlägigen Gesetze zielen darauf hin, den erwünschten und erforderlichen intersektoralen Ressourcentransfer, der in Zeiten hohen Wachstums ohne größere Friktionen vonstatten gegangen war, auch unter den verschlechterten Rahmenbedingungen möglichst reibungslos durchzuführen („soft landing").

In japanischen Wirtschaftskreisen und im akademischen Bereich sind die verstärkten strukturpolitischen Aktivitäten zugunsten der traditionellen, im Schrumpfen begriffenen, Industriezweige keinesfalls unumstritten. Es wird darauf hingewiesen, daß auch die Gewährung von befristeten Subventionen und sonstigen Anpassungshilfen an strukturschwache Industrien den Anpassungsprozeß verzögerten, während die Förderung junger technologieintensiver Sektoren diesen beschleunigen würde, da es dann zu einer raschen Wiederbeschäftigung der freigesetzten Arbeitskräfte kommen würde. Die bessere Politik sei es daher — so die Vertreter dieser Denkrichtung — alle verfügbaren Mittel und Anstrengungen auf die Förderung des Hochtechnologiebereichs zu konzentrieren. Ohne Zweifel liegt auf diesem Gebiet heute nach wie vor der eindeutige Schwerpunkt der japanischen Industriepolitik.

Die relativ geringe quantitative Bedeutung der Industriepolitik für strukturschwache Industriezweige läßt sich z. B. an der Beschäftigung der von den staatlichen Anpassungsmaßnahmen (des Krisenbranchen-Stabilisierungsgesetzes) betroffenen Sektoren demonstrieren. Nur 2,5% aller im verarbeitenden Gewerbe beschäftigten Personen gehörten 1980 zu diesen Branchen und auch 1970 — vor Ausbruch der den Schrumpfungsprozeß vor allem auslösenden ersten Ölpreiskrise — waren es kaum mehr als 4%. Gemessen an der gesamten Bruttowertschöpfung der Industrie ist das Gewicht dieser „traditionellen" Industriezweige, für die in der zweiten Hälfte der siebziger Jahre strukturpolitischer Handlungsbedarf gesehen wurde, eher noch geringer.

2.2.2 Entscheidungsprozesse

Die Formulierung der Ziele der Industriepolitik und die Auswahl der Instrumente erfolgen in Japan relativ „demokratisch", auch wenn die Initiativen in der Regel nicht vom Parlament ausgehen und dieses lediglich eine formale Rolle bei der Verabschiedung der entsprechenden Gesetze spielt. Industriepolitik ist vor allem ein Prozeß der Konsensfindung zwischen Wirtschaft und Staat. Zwar ergreifen in der Regel die Bürokraten im MITI oder in der dem Ministerium angeschlossenen „Agency for Small and Medium Scale Enterprises" die Initiative, doch arbeiten an der Formulierung von Zielen und Maßnahmen die betroffenen gesellschaftlichen Gruppen mit. Die Grundzüge der japanischen Industriepolitik werden im „Industrial Structure Council" (ISC) festgelegt, einem Beratungsgremium des MITI, dem neben Repräsentanten der zuständigen Ministerien Vertreter der Wirtschaft (Industrie, Handelshäuser, Banken), der Gewerkschaften, der Verbraucher sowie — als neutrale Sachverständige — prominente Vertreter der Wissenschaft angehören. Dieser Rat unterbreitet seine Erkenntnisse und Empfehlungen dem Ministerium. Dabei handelt es sich nicht um konkrete Handlungsanweisungen, sondern um Projektionen, die in der Regel eine gehörige Portion Wunschdenken, was die künftige Entwicklung betrifft, beinhalten, und die ausdrücklich als „Visionen" zu künftigen industriellen Strukturen und den entsprechenden Strategien bezeichnet und unter diesem Titel vom MITI auch veröffentlicht werden[9]. Vorschläge, wie die Politik im einzelnen zu gestalten sei, werden von Unterausschüssen des „Industrial Structure Council" für die einzelnen Industrien (z. B. die Aluminiumindustrie oder die Textilindustrie) beraten und ausgearbeitet. Diese Unterausschüsse bestehen aus Repräsentanten der jeweils betroffenen sowie der vorgelagerten und nachgelagerten Industrien sowie neutralen Experten[10].

Die ausgearbeiteten und vom MITI akzeptierten Vorschläge können allerdings erst politikwirksam werden, wenn das „Ministry of Finance" (MOF) sein Plazet zu den das Regierungsbudget belastenden finanziellen Regelungen gegeben und das Parlament die notwendige Gesetzesgrundlage geschaffen hat. Während das Parlament in aller Regel den MITI-Vorschlägen folgt und damit keine aktive Rolle bei der Formulierung und Gestaltung der Industriepolitik spielt, nimmt das MOF eine Schlüsselfunktion in diesem Prozeß ein, die — rein formal — stärker ist als die des MITI und seiner Beratungsgremien. Streng genommen haben der „Industrial Structure Council" und seine Unterausschüsse lediglich die Möglichkeit, Informationen zu sammeln und auszutauschen, Regierungsbeamte und Industrielle über die zu erwartenden

---

[9] Vgl. z. B. Sangyo Kozo Shingikai (Industrial Structure Council), Sangyo Kozo no Choki Bijion (Long-Term Vision of Industrial Structure), Tokyo 1976. — Sangyo Kozo Shingikai, 80 Nendai no Sangyo Kozo no Tembo to Kadai (The Vision and Themes of Industrial Structure in the 1980's), Tokyo 1981.

[10] Die Rolle des „Industrial Structure Council" und seiner Unterausschüsse ist heute nicht mehr unumstritten. Kritik geübt wird z. B. an der unzureichenden Zahl von Verbraucher- und Arbeitnehmervertretern, aber auch an der Auswahl der wissenschaftlichen Experten, deren Unabhängigkeit nicht selten angezweifelt wird. Die vorgelegten Vorschläge seien letztlich das Ergebnis des Zusammenwirkens von Vertretern der Wirtschaft und der MITI-Beamten.

Entwicklungen aufzuklären und einen Interessenausgleich unter den Industriezweigen und zwischen den Unternehmen herbeizuführen[11].

Obwohl sich die in den „Visions" niedergelegten Vorhersagen in der Vergangenheit nicht selten als unzutreffend erwiesen haben, wird deren Rolle in Japan als nützlich angesehen. „The visions help to periodically focus business and public attention on the direction of the economy and help to define which industries are likely to grow or decline. Because it is an official document, the vision implies that MITI desires or favors the predicted future structure, even though it may not be able to place many government resources into directing that change"[12].

2.2.3 Die Rolle des MITI

Zuständige wirtschaftspolitische Instanz für die japanische Industriepolitik ist in erster Linie das MITI. Seine tatsächliche Rolle erscheint nicht nur Ausländern in vieler Hinsicht rätselhaft und verwickelt. Der Einfluß seiner Politik auf den strukturellen Wandlungsprozeß ist nur schwer abzuschätzen. Fest steht jedoch, daß sich die Macht dieser fast schon legendären Behörde nicht in erster Linie auf eine starke gesetzliche Grundlage und/oder die Verfügbarkeit über große finanzielle Ressourcen stützt, sondern vor allem auf einen fähigen Beamtenapparat und das japantypische informelle Vertrauensverhältnis zwischen Bürokratie und Wirtschaft. In Japan wird die Rolle des MITI bisweilen mit der des gut informierten alten Mannes in der Nachbarschaft aus den traditionellen japanischen Erzählungen verglichen, auf dessen Rat man gerne hört. Obwohl es diesem an Macht und Geld mangelt, ist er wegen seiner Geschicklichkeit und Fähigkeit, alle Arten von kleineren Problemen seiner Mitbürger zu lösen, ein hochangesehenes Mitglied der Gesellschaft[13]. MITIs Rolle ist es, die Wirtschaft von den Vorzügen seiner Politik zu überzeugen und die Durchführung — möglichst ohne Zwang — zu erleichtern. Unter den wirtschaftspolitischen Instrumenten, über die MITI verfügt, nehmen die administrativen Empfehlungen (englisch:

---

[11] Kritische Beobachter meinen, daß es künftig umso schwieriger werden würde, in diesen Gremien einen Konsens herbeizuführen, je weniger die Industrie darauf angewiesen sei, von MITI mit Informationen über nationale und internationale Marktentwicklungen vorsorgt zu werden (vgl. z. B. Sueo Sekiguchi, Toshihiro Horiuchi, Foreign Trade and Industrial Policies: A Review of Japanese Experience, in: Roger Benjamin, Robert T. Kurdle (eds), The Industrial Future of the Pacific Basin, Boulder, Lonon 1984, S. 81 ff.).

[12] Vgl. Edward J. Lincoln, Japan's Industrial Policies — What are they, do they matter and are they different from those in the United States?, Japan Economic Institute of America, Washington, April 1984, S. 16.

[13] Vgl. Kiyoo Suda, MITI's Guidance of Nation's Industry Looks Enigmatic and Tricky to Foreigners, in: Industrial Review of Japan 1984, published by the Japan Economic Journal, Tokyo 1984, S. 30 f.

„administrative guidances") die überragende Rolle ein. Diese Empfehlungen haben keinerlei gesetzlichen Rückhalt, sie sind lediglich „Instrumente der Überzeugung". In der Regel werden sie so gehandhabt, daß die zuständigen Beamten die Vertreter eines Unternehmens, einer Branche oder eines Verbandes zu sich bitten und ihre Wünsche bzw. Erwartungen äußern. Dies kann in Form einer Bitte, einer Empfehlung oder gelegentlich auch einer Ermahnung geschehen. Nur gelegentlich wurden diese Empfehlungen schriftlich gegeben, in der Regel handelt es sich lediglich um mündliche Äußerungen. Ihre Befolgung ist den Unternehmen theoretisch zwar freigestellt, doch hat MITI in der Vergangenheit nicht gezögert, Druck auszuüben[14]. Aus der Sicht japanischer Unternehmen stellt sich das so dar: „Whenever MITI clears its throat, industry tries to guess what it means and then to speak and act accordingly. Unlike the Finance Ministry, MITI does not operate on the basis of its authority to grant permissions and approvals. But it can manipulate subsidies and taxes to suit its purposes. And most important is the way it can use information to discriminate"[15].

Abgesehen davon, daß das Instrument der administrativen Empfehlungen mit dem wachsenden Selbstbewußtsein der erstarkten japanischen Industrie zunehmend an Schärfe eingebüßt hat (heute werden die MITI-Empfehlungen keineswegs mehr im selben Maße wie früher als verbindlich angesehen), ist im Laufe der letzten dreißig Jahre die formale Bedeutung des MITI als Gestalter der japanischen Industriepolitik und damit auch dessen direkte Einflußmöglichkeit auf den Strukturwandel zweifellos schwächer geworden. Einen wesentlichen Einschnitt brachte die mit dem Eintritt in das GATT und den Internationalen Währungsfonds (1963) sowie dem Beitritt zur OECD (1964) erfolgte stufenweise Aufhebung der Devisenbewirtschaftung mit dem damit verbundenen weitgehenden Abbau von Einfuhrrestriktionen und Exportsubventionen[16]. Damit wurden dem Ministerium die wichtigsten Möglichkeiten entzogen, strukturpolitische Akzente zu setzen. Seine Steuerunginstrumente sind stumpfer geworden.

Hinzu kommt, daß sich die „Fair Trade Commission" (FTC), das japanische Kartellamt, in zunehmendem Maße als Gegenspielerin des MITI profilierte, wann immer dessen Industriepolitik Wettbewerbsbeschränkungen mit sich zu bringen drohte. „Industrial policy forms an odd pair with antimonopoly policy in Japan . . . industrial policy frequently gets tangled up with antimonopoly policy. In other words, the MITI and the Fair Trade Commission often find themselves to be each other's adversary."[17]

---

[14] Vgl. hierzu Ira C. Magaziner, Thomas M. Hout, Japanese Industrial Policy, Institute of International Studies, University of California, Berkely 1980, S. 34.

[15] Vgl. Uchihasi Katsuto, Behind the Scenes at MITI, in: Japan Echo, Vol. X, No. 4, Winter 1983, S. 45.

[16] Die erste Liberalisierungswelle der Auslandsinvestitionen erfolgte zwischen 1967 und 1976 in fünf Schritten.

[17] Kiyoo Suda, a.a.O.

2.2.4 Maßnahmen

Wie die Zielsetzung, so hat sich auch das Instrumentarium der japanischen Industriepolitik im Laufe der letzten Jahrzehnte — entsprechend dem Wandel der wirtschaftlichen Rahmenbedingungen — geändert. Staatliche Importrestriktionen (Schutzzölle, Einfuhrquoten usw.) und Exportsubventionen, die bis etwa Mitte der sechziger Jahre eine bedeutende Rolle gespielt hatten und fallweise bis in die jüngste Vergangenheit angewandt wurden, werden heute als Maßnahmen zur Steuerung des sektoralen Strukturwandels kaum mehr eingesetzt[18]. Restriktive, im Einvernehmen mit MITI erfolgende Importpraktiken der Privatwirtschaft dürften dagegen nach wie vor Bestand haben, auch wenn diese Praktiken schwer nachzuweisen sind (vgl. Abschnitt 4.5.3). An Bedeutung gewonnen haben alle Maßnahmen, die auf eine Förderung der Unternehmenskooperation abstellen. Hierzu gehören einmal die Organisierung, Koordinierung und finanzielle Unterstützung der Gemeinschaftsforschung, d. h. der zeitlich befristeten Kooperation der Forschungsabteilungen von Großunternehmen, die an zukunftsorientierten Technologien arbeiten, in Form von „special corporations“ unter Obhut des MITI. Zum anderen ist in diesem Zusammenhang auf die großzügigere Anwendung des „Anti-Monopoly-Law“ als Mittel der sektoralen Industriepolitik hinzuweisen (Strukturkrisenkartelle). Dieses Instrument spielt im Zusammenhang mit der Strukturanpassung traditioneller Industriezweige eine besondere Rolle.

Davon abgesehen bedient sich die japanische Regierung bei ihrem Bemühen, die Leistungsfähigkeit und damit die internationale Wettbewerbsfähigkeit seiner Unternehmen zu stärken, aller klassischen Instrumente der Industriepolitik: Steuererleichterungen, direkte Subventionierung von Investitionen bzw. des Kapazitätsabbaus, Vorzugsbedingungen bzw. Garantien für Investitionskredite, Zuschüsse zu den FuE-Aufwendungen, direkte oder indirekte Lohnkostenzuschüsse[19].

Es ist jedoch darauf hinzuweisen, daß die dafür von der Regierung tatsächlich bereitgestellten bzw. ausgegebenen Beträge relativ gering sind. Beispielsweise machten die verbilligten Kredite der „Japan Development Bank“ an die Stahlindustrie zwischen 1961 und 1970 nur 1,4 % und zwischen 1971

---

[18] Japans Einfuhrzölle auf Industriewaren gehören heute zu den niedrigsten, die in den Industrieländern angewandt werden. Die Zahl der industriellen Produkte, für die Einfuhrquoten bestehen, ist in Japan geringer als beispielsweise in den USA und in Frankreich. Als bewußt gehandhabtes Struktursteuerungsinstrument sind die nichttarifären Handelshemmnisse sicher nicht zu bezeichnen. Vgl. hierzu die Ausführungen von Gary R. Saxonhouse, What is all this about „Industrial Targeting“ in Japan?, in: World Economy, Vol. 6 (Sept. 1983), S. 253 ff.

[19] Eine umfassende Darstellung der Instrumente der japanischen Industriepolitik findet sich bei Edward J. Lincoln, a.a.O.

und 1980 lediglich 3,8% aller Bankkredite für diesen Wirtschaftszweig aus. Im Falle der elektrotechnischen Industrie (einschl. der Computer- und Halbleiterindustrie) betrugen die entsprechenden Anteile sogar nur 0,6 bzw. 0,8%. Gemessen an den Subventionen für die Landwirtschaft, die staatliche Eisenbahngesellschaft oder für den Bereich der kleinen und mittleren Betriebe sind die an spezielle Branchen der verarbeitenden Industrie geleisteten Zuschüsse minimal[20]. Die staatliche Subventionierung von Forschung und Entwicklung privater Unternehmen in Japan ist erheblich geringer als in den meisten anderen Industrieländern[21].

Dennoch darf die Wirksamkeit der japanischen Industriepolitik nicht unterschätzt werden. Die Verkündung staatlicher Förderprogramme hat vor allem — und dies offensichtlich in weit stärkerem Maße als beispielsweise in der Bundesrepublik Deutschland — Signalfunktion. Werden Industriezweige von der Regierung als zukunftsträchtig gefördert, sehen sich sowohl die Unternehmen als auch das private Bankgewerbe veranlaßt, in diesen Sektoren zu investieren. Umgekehrt werden diese ihr Kapital aus Industriezweigen zurückziehen, die als Krisenbranchen eingestuft und in Programme zur Kapazitätsanpassung einbezogen worden sind. Das Vertrauen der privaten Wirtschaft in die Zuverlässigkeit von Prognosen der Regierung ist in Japan nach wie vor recht groß; dies hängt sicherlich in nicht geringem Maße damit zusammen, daß sie das Ergebnis eines breiten Konsensbildungsprozesses sind, in den die Wirtschaft selbst voll einbezogen ist. Die aufgrund dieser Vorhersagen gegebenen Empfehlungen bzw. Handlungsanweisungen der zuständigen Regierungsstellen werden daher auch — trotz der erwähnten Aufweichungstendenzen — immer moch in einem Maße befolgt, wie dies in anderen kapitalistischen Industrieländern kaum vorstellbar ist.

2.3 Anpassungspolitik für strukturschwache Industriezweige

2.3.1 Die Anpassungspolitik vor 1978

Zumindest bis zum Ausbruch der ersten Ölpreiskrise 1973/74 kann in Japan von einer systematischen und koordinierten Strukturanpassungspolitik nicht gesprochen werden. Alle Anstrengungen waren darauf gerichtet, den Aufbau von Industrien zu fördern, die dazu beitragen konnten, die internationale Wettbewerbsfähigkeit der japanischen Wirtschaft zu verbes-

---

[20] Hiroya Ueno und Akira Goto (Subsidy Schemes for Industry in Japan, The Economic Society Seikei University, Discussion paper series No. 2, Tokyo 1981) weisen nach, daß von 13 untersuchten Industriezweigen nur einer, nämlich die Nahrungsmittelindustrie, direkte staatliche Zuschüsse von mehr als 0,1 % des von ihm erwirtschafteten Beitrags zum BSP erhalten hat.

[21] Vgl. Helmut Laumer, a.a.O., S. 27 f.

sern. Die in den fünfziger und sechziger Jahren erkennbaren Maßnahmen der strukturellen Anpassung waren durchweg sektorspezifisch; sie wurden ganz sporadisch ergriffen, wenn in den jeweiligen Branchen gravierende strukturelle Probleme erkennbar wurden.

Staatliche Aktivitäten zur strukturellen Anpassung traditioneller Industriezweige betrafen in dieser Zeit vor allem den Kohlebergbau, den Schwefel(salz)bergbau und die Textilindustrie, die aus ganz unterschiedlichen Gründen in Strukturkrisen geraten waren: Im Falle des Kohlebergbaus war es die Substitution von Kohle durch Erdöl, im Falle des Schwefelbergbaus der technologische Wandel (Produktion als Nebenprodukt der Ölraffinerien), und im Falle der Textilindustrie waren der Anstieg der Löhne, die Aufwertung des Yen und die Konkurrenz aus den asiatischen Schwellenländern die entscheidenden Gründe[22].

Der Schrumpfungsprozeß des *Kohlebergbaus* begann Anfang der sechziger Jahre; 1961 hatte die Kohleproduktion mit 555 Millionen Tonnen ihren absoluten Höhepunkt erreicht. Von da an sank sie rapide ab. Die japanische Regierung hatte in jenen Jahren die Wiedereingliederung der freigesetzten Arbeitskräfte in den betroffenen Regionen massiv subventioniert. Da sich die Minenarbeiter nur schwer umsiedeln ließen, wurde besonderes Augenmerk auf die Neuansiedlung wachsender Industrien gelegt. Die Regierung stellte interessierten Firmen geeignete Grundstücke zu besonders günstigen Bedingungen zur Verfügung; als Gegenleistung für die erhaltenen Subventionen hatten die neu angesiedelten Gesellschaften einen bestimmten Anteil ihrer Belegschaft aus den freigesetzten Bergarbeitern zu rekrutieren[23]. Unterstützt wurde die Anpassungspolitik durch — damals noch ohne Einschränkung mögliche — Interventionen MITIs: Zum einen durch die Festlegung von Rohöl-Importquoten und zum anderen durch die Aufforderung an die Elektrizitätsgesellschaften, bestimmte Mengen heimischer Kohle zu verwenden. Diese Maßnahmen stützten sich auf den „Act of Temporary Measures for the Promotion of Coal Producing Regions" vom November 1961. Als zuständige Regierungsbehörde spielte die „Corporation for the Promotion of Coal Producing Regions" eine zentrale Rolle bei der Durchführung.

---

[22] Vgl. hierzu insbesonders Sueo Sekiguchi, Toshihiro Horiuchi, Foreign Trade and Industrial Policies: A Review of Japanese Experiences, The JERC Discussion Paper, No. 46, The Japan Economic Research Center, Tokyo 1981. — Sueo Sekiguchi, Toshihiro Horiuchi, Trade and Adjustment Assistance Policies, in: Ryutaro Komiya, Masihiro Okuno, Kohtaro Suzumura (Eds.), Industrial Policies in Japan, Tokyo 1984 (in japanische Sprache).

[23] Trotz dieser Maßnahmen war die Wiedereingliederung der freigesetzten Beschäftigten nur teilweise erfolgreich. Untersuchungen zum Schicksal von ehemals im Bergbau tätigen Arbeitskräften zeigen, daß mehr als 30 % der von kleinen Minen entlassenen Personen selbst in den Jahren hohen Wirtschaftswachstums keine stabilen Beschäftigungsverhältnisse mehr finden konnten. Vgl. Angelika Ernst, Japans unvollkommene Vollbeschäftigung, Beschäftigungsprobleme und Beschäftigungspolitik, Mitteilungen des Instituts für Asienkunde, Nr. 115, Hamburg 1980, S. 150.

MITI machte auch seinen Einfluß geltend, die Ölraffinerien dazu zu bewegen, den Anpassungsprozeß im *Schwefelbergbau* durch die Zurverfügungstellung finanzieller Mittel zu erleichtern, da diese ja die Verursacher und gleichzeitig Hauptnutznießer dieses Strukturwandels waren. Auch auf diesem Gebiet verfügte MITI in den sechziger Jahren Importbeschränkungen, damit sich der Übergang nicht allzu abrupt und mit zu starken Friktionen vollzog.

Die *Textilindustrie* war in den fünfziger Jahren eine der wichtigsten Exportindustrien Japans. Bereits damals gab es jedoch Perioden mit erheblicher Überproduktion. MITI versuchte in diesen Jahren, die verfügbaren Maschinenkapazitäten zu registrieren und — auf dem Weg des Erlassens von sog. Verwaltungsempfehlungen — die Hersteller dazu zu bewegen, bestimmte Auslastungsgrade der Produktionskapazitäten nicht zu überschreiten. Dies ist offensichtlich mit eher wechselndem Erfolg gelungen. Als immer deutlicher wurde, daß die japanische Textilindustrie ihre Wettbewerbsvorteile gegenüber den Entwicklungsländern im ost- und südostasiatischen Raum auf Dauer nicht halten konnte, wurde 1967 der „Act for Temporary Measures to Improve Structure of Specified Textile Industries" („Textile Act 1967") erlassen, der von 1969 bis 1974 in Kraft war. Er bildete die gesetzliche Grundlage für die Gewährung finanzieller Anreize an mehrere Produktionszweige der Textilindustrie zur Modernisierung der Anlagen und zu Firmenfusionen. Es ist jedoch festzuhalten, daß das Hauptanliegen zunächst nicht darin bestand, Ressourcen in andere Wirtschaftsbereiche zu transferieren, sondern den Unternehmen in ihrem ursprünglichen Tätigkeitsgebiet eine Überlebenschance zu geben[24].

Diese Zielsetzung änderte sich Anfang der siebziger Jahre als Folge von Ereignissen, die deutlich machten, daß die Textilindustrie in der damaligen Größe auf Dauer nicht wettbewerbsfähig bleiben konnte. Da war einmal die starke Aufwertung des Yen (allein im Jahre 1971 um 17%), zweitens der Entschluß der japanischen Regierung, gegenüber Entwicklungsländern die Meistbegünstigungsklausel anzuwenden und drittens die Einigung mit den USA, den Export von synthetischen Fasern in die Vereinigten Staaten „freiwillig" in erheblichem Umfang zu beschränken („Voluntary restraint of export"). In der Folgezeit war die Regierung gezwungen, den Unternehmen auf dem Wege des Ankaufs von Anlagen große Kompensationsbeträge zu zahlen. Später konzentrierte sich die Hilfe auf Bereitstellung von Kapital zu Vorzugsbedingungen. Die wachsende Erkenntnis, daß die Textilindustrie in ihrer Struktur keine Überlebenschance habe, führte 1974 zu einer Revision des Gesetzes von 1967 („Textile Act 1974"). Der Geltungsbereich wurde auf alle Sektoren der Textilindustrie ausgeweitet. Es wurde ausdrücklich festge-

[24] Vgl. Sueo Sekiguchi, Toshihiro Horiuchi, Foreign Trade and Industrial Policies: A Review of Japanese Experience, in: Roger Benjamin, Robert T. Kurdle (Eds.), The Industrial Future of the Pacific Basin, a.a.O.

stellt, daß die Unternehmen ihre Kapazitäten abbauen oder sich in anderen Industriezweigen betätigen müßten. Die Steuerung der Textilimporte wurde als notwendiges Mittel zur Aufrechterhaltung einer „geordneten Einfuhr" bezeichnet[25]. Von Anfang der siebziger Jahre bis 1982 hat sich die Beschäftigung in der japanischen Textilindustrie von fast einer Million auf etwa eine halbe Million verringert, allein rund 200 000 Arbeitskräfte haben die Industrie in der ersten Hälfte der siebziger Jahre verlassen.

2.3.2 Die Anpassungspolitik von 1978 bis 1983

Bis Anfang der siebziger Jahre war die Zahl der Industriezweige, die in gravierende Strukturkrisen gerieten, in Japan gering. Einer Reihe von traditionellen Wirtschaftszweigen, die an andere, moderne Bereiche Boden verloren hatten, wurde die Anpassung durch das kräftige Wirtschaftswachstum in dieser Zeit erleichtert. Die Regierung sah hier keinen Anlaß, gestaltend einzugreifen. Der laufende und nicht unbeträchtliche Ressourcentransfer vom traditionellen zum modernen Sektor der Wirtschaft funktionierte als Folge des Marktmechanismus, da die Unternehmen der schwächer expandierenden Branchen ständig und systematisch Anlage- und Arbeitsmöglichkeiten in den stark expandierenden Sektoren suchten und fanden, häufig auch Kapital und Beschäftigte innerhalb der eigenen stark diversifizierten Unternehmensgruppe verlagern konnten.

Ein grundlegender Wandel stellte sich erst ein, als durch die erste Ölpreiskrise 1973/74 die Produktionsbedingungen drastisch verändert wurden. Insbesondere die in starkem Maße energieintensiven Grundstoffindustrien sahen sich einem wachsenden Importdruck aus Ländern mit niedrigen Energiepreisen gegenüber. Betroffen waren z. B. die Aluminiumraffinerien sowie bestimmte Bereiche der petrochemischen Industrie und der Stahlindustrie. Der Schiffsbau litt unter der weltweit rückläufigen Nachfrage nach Öltankern und der wachsenden Konkurrenz aus Schwellenländern. Der Absatz dieser Industriezweige ging teilweise drastisch zurück, die in den fünfziger und sechziger Jahren — häufig mit staatlicher Hilfe — aufgebauten Kapazitäten erwiesen sich als zu groß. Die weltweite Rezession erschwerte den Transfer der nicht mehr benötigten Arbeitskräfte in andere Industriezweige. Viele Unternehmen kamen in Schwierigkeiten, den Zinsendienst für die großenteils fremdfinanzierten Anlagen zu leisten.

---

[25] Ausführlich behandelt sind die Anpassungsprozesse in der japanischen Textilindustrie bei Yoshi Yonezawa, „Sen-i-Kogyo no Sangyo Chosei" (Industrial Adjustment in Textile Manufacturing), in: Sueo Sekiguchi (Editor), Nihon no Sangyo Chosei (Industrial Adjustment in Japan), Tokyo 1981, ferner bei Ippei Yamazawa, „Sen-i-Sangyo: Tsusho Seisaku to Sangyo-Chosei" (Textile Industries: Trade Policies and Industrial Adjustment), in: Ryutaro Komiya, Masihiro Okuno, Kohtaro Suzumura (Eds.), a.a.O.

So wuchs ab etwa Mitte der siebziger Jahre der Druck von seiten der betroffenen Industriezweige auf die Regierung, Hilfestellung zu leisten. Als Ergebnis eines umfassenden und langwierigen Diskussionsprozesses zwischen MITI und der Wirtschaft wurde 1978 eine Reihe von Gesetzen verabschiedet, die eine dauerhafte Anpassung der Kapazitäten der von der Strukturkrise betroffenen Branchen an die neue internationale Wettbewerbslage ermöglichen sollten. Das Krisenbranchen-Stabilisierungsgesetz („Law on Temporary Measures for Stabilizing Specified Depressed Industries") verfolgte die Zielsetzung, Produktionskapazitäten in Krisenbranchen abzubauen (vgl. Kapitel 4). Es sah die Legalisierung der Kartellbildung sowie finanzielle Anreize für Unternehmen vor, die ihre Kapazitäten reduzieren wollten. Durch die Aufstellung von sektoralen Stabilisierungsplänen sollte unter den Beteiligten ein Konsens über die zukünftige Branchenentwicklung herbeigeführt werden. Dieser Konsens erleichterte es den Unternehmen, sich auf Kapazitätsreduzierungsziele zu verständigen. Er war zugleich Voraussetzung für positive Kreditvergabeentscheidungen der Banken. Auch erhöhte er die Akzeptanz der Strukturanpassungsmaßnahmen bei den Arbeitnehmern und den regionalen Gebietskörperschaften.

Das Krisenbranchen-Stabilisierungsgesetz wurde ergänzt durch besondere Gesetze, welche die Gewährung von Anpassungshilfen für Klein- und Mittelbetriebe in Krisenregionen („Law on Temporary Measures for Small and Medium Scale Industries in Specified Depressed Regions", kurz: „Act SDR Small Firms") sowie für Arbeitskräfte in Krisenbranchen und Krisenregionen („Law on Temporary Measures for Workers Displaced from Specified Depressed Industries or Specified Depressed Regions", kurz: „Act SDI Workers" und „Act SDR Workers") zum Inhalt hatten.

Die Anpassungshilfen für Klein- und Mittelbetriebe in Krisenregionen (vgl. Kapitel 6) bestanden primär aus kreditpolitischen Maßnahmen und Steuererleichterungen. Ziel der Förderungspolitik war die Erhaltung der Klein- und Mittelbetriebe.

Die Anpassungshilfen für Arbeitskräfte in Krisenbranchen und Krisenregionen (vgl. Kapitel 7) umfaßten folgende Maßnahmen:

— Finanzielle Unterstützung für noch beschäftigte Arbeitnehmer (z. B. für Weiterbildungsmaßnahmen im bisherigen Betrieb),

— finanzielle Unterstützung zur Schaffung von Arbeitsplätzen für Arbeitnehmer, die aus strukturschwachen Industrien kommen (z. B. Lohnzuschüsse für Betriebe, die solche Arbeitnehmer aufnehmen),

— Maßnahmen für Arbeitslose, wie die Verlängerung der Arbeitslosenunterstützung und Umschulungsmaßnahmen.

Die Beschreibung und Evaluierung dieser auf fünf Jahre befristeten Anpassungspolitik[26] steht im Mittelpunkt der vorliegenden Analyse.

2.3.3 Das Branchenstruktur-Verbesserungsgesetz von 1983

Es war nicht zuletzt die zweite Ölpreiskrise, die es nach japanischer Auffassung erforderlich machte, nach Auslaufen der Anpassungsgesetze von 1978 im Jahre 1983 erneut Maßnahmen zu ergreifen, die es den betroffenen Industriezweigen ermöglichen sollten, den notwendigen Strukturwandel so friktionslos wie möglich zu vollziehen. Ein im August 1982 eingesetztes „Ad Hoc Committee on Measures for the Basic Materials Industries" des „Industrial Structure Council" legte ein Grundsatzpapier vor, in dem die aktuellen strukturellen Schwierigkeiten der Grundstoffindustrie aufgrund des Anstiegs der Rohmaterial- und Energiekosten, der stagnierenden Nachfrage und des verschärften Wettbewerbs analysiert sowie die erforderlichen industriepolitischen Maßnahmen abgeleitet wurden[27]. Als Voraussetzungen für die strukturelle Verbesserung der Grundstoffindustrie wurden darin genannt:

— der Abbau überschüssiger Kapazitäten,

— die Reduzierung der Material- und Energiekosten,

— Ausrüstungsinvestitionen mit Rationalisierungseffekten,

— die Entwicklung neuer Technologien sowie

— die Konsolidierung der Geschäftsergebnisse.

In dem Bericht wurde zwar betont, daß die Anpassung an die neuen Gegebenheiten grundsätzlich aufgrund eigener Initiativen der Industrie durch den Marktmechanismus erfolgen sollte. Wegen der drastischen Änderungen der Marktbedingungen durch die Ölkrisen könne dies aber nur bedingt erwartet werden. Es sei deshalb unumgänglich, daß die Regierung Maßnahmen ergreife, mit denen die Schwächen des Marktmechanismus ausgeglichen werden, indem den privaten Firmen Anreize zur Selbsthilfe gegeben werden.

Im Juli 1983 löste das Branchenstruktur-Verbesserungsgesetz das Stabilisierungsgesetz von 1978 ab. Ebenso wie im Krisenbranchen-Stabilisierungsgesetz ist für Branchen mit Strukturproblemen ein Abbau von Produktionskapazitäten vorgesehen, den die Firmen nach gegenseitiger Absprache vollziehen sollen. Das gleiche gilt für den Verzicht auf den Bau neuer Produktionsanlagen. Nach dem neuen Gesetz wird darüber hinaus die Revitalisierung dieser Branchen angestrebt. Im Rahmen dieser Vorwärtsstrategie werden Investitionen gefördert, die der Verminderung des Energie- und

---

[26] Einen Gesamtüberblick über die Anpassungspolitik liefert auch J. Mark Ramseyer, Comments Letting Obsolete Firms Die: Trade Adjustment Assistance in the United States and Japan, in: Harvard International Law Journal, Vol. 22, No. 3, Fall 1981, S. 595 ff.

[27] Vgl. MITI, The Positive Adjustment Policy for the Basic Materials Industries, compiled by the Ad Hoc Committee on Measures for the Basic Materials Industries, Coordination Committee, Industrial Structure Council, March 24, 1983, NR-276 (83-1).

Materialverbrauchs sowie der Entwicklung neuer Produkte und Technologien dienen. Drittens ist im neuen Gesetz die Möglichkeit vorgesehen, daß in notleidenden Branchen Unternehmen fusionieren oder sich für FuE-Aktivitäten oder für den Absatz zusammenschließen. Dabei sind die Unternehmen von den Bestimmungen des „Anti-Monopoly-Law" befreit, falls die „Fair Trade Commission" keine Einwände gegen den Umstrukturierungsplan hat. Alle im Gesetz vorgesehenen Schritte erfolgen unter der Federführung des MITI.

Aufgabe dieser Untersuchung wird es auch sein, nachzuvollziehen, in welcher Weise sich die Gesetzgebung von 1983 von derjenigen des Jahres 1978 unterscheidet, und welche Lernprozesse zu diesen Änderungen geführt haben. An dieser Stelle sei verallgemeinernd nur darauf hingewiesen, daß die sektorspezifischen Elemente weniger geworden sind und daß noch mehr Bedeutung auf die Reallokation der Ressourcen als auf die Weiterführung der alten Aktivitäten in den strukturschwachen Industrien gelegt wurde.

3. Die Rahmenbedingungen für die Strukturanpassungspolitik

Jede Evaluierung wirtschaftspoltischer Maßnahmen hat die spezifischen Rahmenbedingungen des untersuchten Landes zu berücksichtigen. Dies gilt ganz besonders, wenn man die sektorale Strukturpolitik Japans aus europäischer Sicht zu analysieren versucht. Viele Aspekte — Ziele, Entscheidungsstrukturen und Maßnahmen — sind nur verständlich, wenn die historisch gewachsenen Wirtschaftsstrukturen und die sozio-ökonomischen Besonderheiten dieses Landes in die Analyse einbezogen werden. Die in den vergangenen Jahren in den USA und in Westeuropa geübte Kritik am japanischen Modell der Industriepoltik hat diese ganz andersartigen Rahmenbedingungen häufig nicht genügend gewürdigt. Sie sollen hier einleitend nur soweit skizziert werden, als es für das Verständnis der in dieser Arbeit behandelten Strukturpolitik für traditionelle Industriezweige erforderlich ist.

Zu berücksichtigen ist einmal die duale Unternehmensstruktur (mit wenigen stark diversifizierten Großkonzernen und einem sehr großen Kreis kleiner und mittlerer Zulieferbetriebe), die im Vergleich zu europäischen und US-amerikanischen Unternehmen in mancherlei Hinsicht doch erheblich abweichenden unternehmenspolitischen Zielsetzungen, schließlich das enge Vertrauensverhältnis zwischen Wirtschaft und Staat sowie — damit zusammenhängend — das traditionelle Harmoniestreben aller am Wirtschaftsleben beteiligten Gruppen. Nicht unberücksichtigt bleiben darf auch die Tatsache, daß die im Vergleich zu anderen Industrieländern günstige Wachstums- und Beschäftigungsentwicklung den Strukturwandel in Japan erleichtert und den Anpassungsprozeß beschleunigt hat.

3.1 Wachstum der Wirtschaft und globale Beschäftigungsentwicklung

Die mit industriellem Strukturwandel stets verbundenen Friktionen und Anpassungsprozesse lassen sich bei starkem gesamtwirtschaftlichem Wachstum erheblich problemloser bewältigen als in Zeiten rückläufiger, stagnierender oder nur schwach expandierender wirtschaftlicher Aktivitäten. Die in den schrumpfenden Branchen tätigen Firmen finden dann leicht neue Felder für ihr unternehmerisches Engagement. Die freigesetzten Arbeitskräfte können verhältnismäßig problemlos von anderen, vom Strukturwandel begünstigten Sektoren absorbiert werden. So gesehen waren die Voraussetzungen für eine möglichst reibungslose Bewältigung des industriellen Strukturwandels in Japan besonders günstig. Zwischen 1965 und 1973, dem Jahr des Ausbruchs der ersten Ölpreiskrise, wuchs das reale Bruttosozialprodukt Japans um durchschnittlich 10,7% pro Jahr, das der Bundesrepublik Deutschland zum Vergleich lediglich um 4,3%. Selbst in den für das vollständig von Energieeinfuhren abhängige Japan besonders schwierigen Jahren danach, zwischen 1973 und 1980, lag die japanische Wachstumsrate mit 4,3% deutlich über der deutschen (+ 2,3%)[1]. Zu Beginn der achtziger Jahre hat sich die Diskrepanz sogar wieder vergrößert. Zwischen 1980 und 1984 wuchs die japanische Wirtschaft im Jahresdurchschnitt um rd. 4%, die bundesdeutsche dagegen um weniger als 1%.

Das kräftige Wachstum der japanischen Wirtschaft war von einer bemerkenswerten Zunahme der Beschäftigung begleitet. Zwischen 1965 und 1983 erhöhte sich die Zahl der Erwerbstätigen um rund 10 Millionen Personen, d. h. um mehr als ein Fünftel, auf über 57 Millionen[2]. In der Bundesrepublik Deutschland dagegen hat die Beschäftigung in dieser Periode praktisch stagniert; die Zahl der Erwerbstätigen stieg lediglich um gut 4%.

3.2 Die duale Struktur des Unternehmenssektors

Als wichtige Rahmenbedingung für die Bewältigung des industriellen Strukturwandels muß auch die spezifische Struktur des japanischen Unternehmenssektors angesehen werden: Wenigen sehr großen, stark diversifizierten Unternehmensgruppen steht eine Vielzahl kleiner und kleinster, mit den Großfirmen häufig durch vertraglich geregelte Lieferbeziehungen verbundenen und von diesen in starkem Maße abhängigen Betrieben gegenüber. Man spricht in diesem Zusammenhang von der „dualen" Unternehmensstruktur der japanischen Wirtschaft. Das Vorhandensein von großen Unternehmensgruppen mit sektorübergreifender Produktionsstruktur erlaubt eine unternehmensinterne Abwicklung des Strukturwandels. Schrumpfende Produktionsbetriebe werden abgebaut, expandierende Bereiche aufgebaut, Arbeitskräfte innerhalb des Unternehmens umgesetzt. Dieser Intra-Unternehmensstrukturwandel entlastet die staatliche Struktur- und Arbeitsmarktpolitik. Auf der anderen Seite können die Unternehmensgruppen ihre Machtstellung dahingehend ausnutzen, daß sie einen Teil der Kosten des Strukturanpassungsprozesses auf die kleinen Zulieferfirmen und die dort

---

1 Vgl. hierzu z. B. Hans-Eckart Scharrer, Warren Hesse, Henry Krägenau, Japans Wirtschaftsentwicklung, Außenhandel und Wettbewerbsfähigkeit, Hamburg 1982.

2 Vgl. Japan Statistical Yearbook 1984, Statistics Bureau, Management and Coordination Agency.

Beschäftigten abwälzen. Die Probleme des Strukturwandels werden damit verlagert.

Die sechs industriellen Hauptgruppen der japanischen Wirtschaft Mitsubishi, Mitsui, Sumitomo, Fuyo (Fuji), DKB (Dai-Ichi Kangyo Bank) und Sanwa[3] bestehen aus zahlreichen Unternehmen der verschiedensten Wirtschaftssektoren (Industrie, Banken, Versicherung, Handel, Transport, Dienstleistungen). Hinzu kommen zwei jüngere, weniger straff organisierte Unternehmensgruppen, nämlich Tokai und IBJ (Industrial Bank of Japan) sowie eine Reihe von unabhängigen, vorwiegend vertikal organisierten Gruppen, die sich um große Industrieunternehmen gebildet haben (Matsushita, Toshiba, Toyota, Hitachi, Nissan, Nippon-Steel). Nicht nur innerhalb dieser Gruppen bestehen vielfältige Verbindungen finanzieller, vor allem aber auch personeller Art, die eine enge Kooperation auf vielen Gebieten, auch bei der Bewältigung des Strukturwandels, erleichtern (vgl. Abbildung 1)[4].

Zu den sechs industriellen Hauptgruppen der japanischen Wirtschaft gehören insgesamt 675 Gesellschaften mit 1,76 Millionen Beschäftigten; sie tätigen zusammen knapp ein Fünftel des Gesamtumsatzes der Wirtschaft. Charakteristische Merkmale sind gegenseitige Kapitalbeteiligungen, Bildung von Beratungsgremien der Präsidenten, Austausch von Führungspersonal, gruppeninterne Finanzierung durch die jeweilige Hauptbank, Existenz von Generalhandelshäusern (sogo shosha), gemeinsame Investitionen in neuen Sektoren und Betätigung in einem weiten Spektrum von Branchen.

In Abbildung 2 ist beispielhaft der Aufbau der Mitsubishi-Gruppe dargestellt, der insgesamt mehr als 150 Gesellschaften angehören, 28 Kerngesellschaften, das sind die Mitglieder des sog. „Kinyo-Kai", des „Freitagsclubs der Präsidenten", sowie deren Tochtergesellschaften bzw. „Satellitenfirmen" mit engen finanziellen und/oder personellen Verbindungen zu den Kerngesellschaften. Eine gewisse Führungsposition nehmen die Mitsubishi Corp. (als Handelshaus), die Mitsubishi Bank und Mitsubishi Heavy Ind. ein. Zur Mitsubishi-Gruppe sind 10 Unternehmen aus dem Bereich Finanzierung und Versicherung, 20 Handelsfirmen, 2 Bergbaugesellschaften, 13 Baufirmen, 14 Nahrungsmittelproduzenten, 4 Faser- und Textilfirmen, ein Hersteller von Papier und Pappe, 25 Produzenten chemischer Artikel, 2 Ölraffinerien, 2 Hersteller von Gummiprodukten, 12 Produzenten aus dem Bereich Glas, Zement, Keramik, 2 Eisen- und Stahlfirmen, 7 Hersteller von NE-Metallen, 3 Produzenten von Metallprodukten, 6 Maschinenbaufirmen, 10 Produzenten aus dem Elektro- und Elektronikbereich, 3 Hersteller von Fahrzeugen, 2 Präzisionsmaschinenhersteller und 15 Firmen verschiedener Dienstleistungssparten zu zählen.

---

[3] Die drei erstgenannten sind Nachfolger der alten „Zaibatsu", die drei letztgenannten haben sich um führende Geschäftsbanken formiert.

[4] Vgl. hierzu auch Naoto Sasaki, Management and Industrial Structure in Japan, Oxford, New York 1981, S. 10 ff.

Abb. 1

Schematische Darstellung der Beziehungen zwischen den industriellen Gruppen in Japan

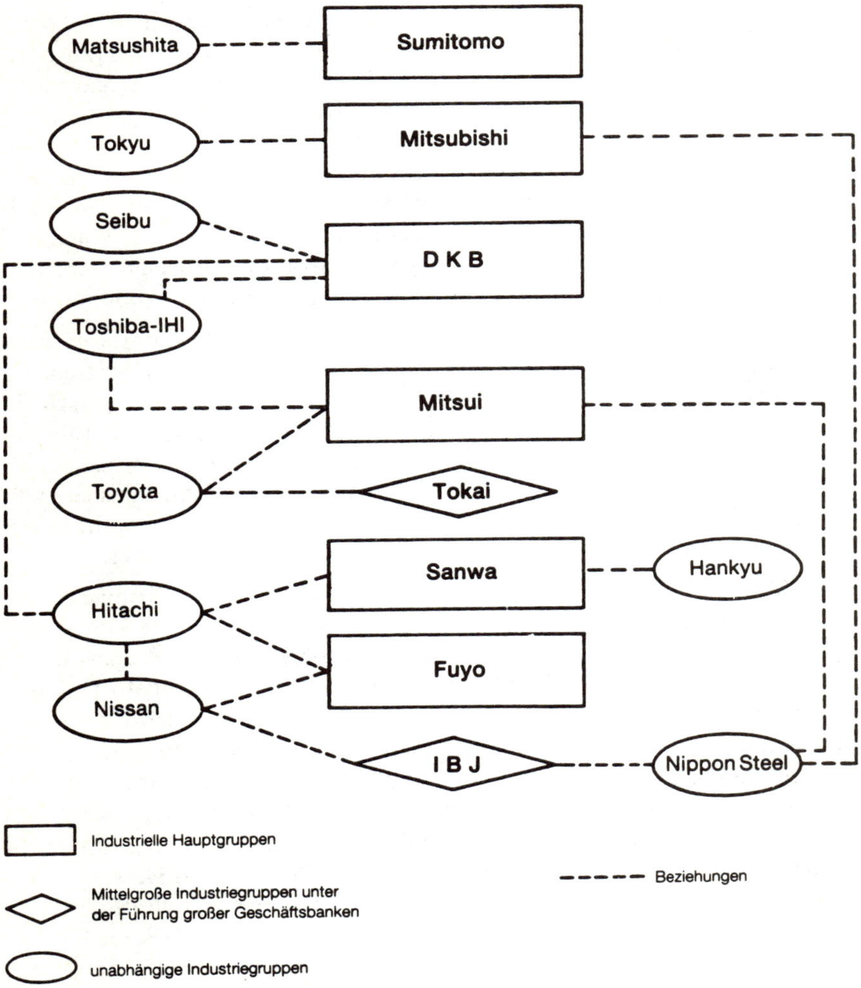

Quelle: Industrial Groupings in Japan, Revised Edition 1984/85, Dodwell Marketing Consultants, Tokyo, October 1984.

Die Mischung aus traditionellen und modernen Branchen innerhalb der Unternehmensgruppe ermöglicht und erleichtert es, im Rahmen des industriellen Strukturwandels erforderliche Anpassungsmaßnahmen durchzuführen, ohne daß es für die Kernbelegschaft zu gravierenden Beschäftigungsproblemen kommt. So ist es z. B. — um nur ein Beispiel zu nennen — in den siebziger Jahren in erheblichem Umfang zu Personalumsetzungen von der Mitsubishi Steel Mfg. zu Mitsubishi Motors gekommen. Dieser gruppeninterne Beschäftigungsausgleich hat dazu beigetragen, daß der Strukturwandel innerhalb der japanischen Wirtschaft im allgemeinen ohne größere sozialpolitische Friktionen bewältigt werden konnte.

Ein weiteres Charakteristikum der großen japanischen Industrieunternehmen ist der hohe Anteil von Zulieferungen am Produktionsvolumen. Sie stützen sich in der Regel auf ein dichtes Netz mittlerer und kleiner Zulieferfirmen, die häufig ausschließlich für sie arbeiten und deshalb in starkem Maße von ihnen abhängig sind. Nach neueren Erhebungen von MITI betrachten sich fast zwei Drittel aller kleinen Hersteller mit weniger als 300 Beschäftigten in Japan als „Subcontractors“[5]. In der Automobilindustrie beispielweise werden 60 bis 70% der benötigten Teile von solchen Zulieferfirmen bezogen. In vielen Fällen bestehen Kapitalbeteiligungen und/oder die Großunternehmen entsenden in diese Zulieferfirmen Führungskräfte. Einer der großen Automobilhersteller unterhält direkte Beziehungen zu 168 „primary suppliers“, zu 5437 „secondary suppliers“ und zu 41703 „tertiary subcontractors“, die alle Teile produzieren oder Dienstleistungen bereitstellen.

In Zeiten rückläufiger Nachfrage können die großen Produktionsunternehmen Entlassungen u. a. dadurch vermeiden, daß sie die Produktion von Teilen, die in Zeiten reger Nachfrage ausgelagert ist, in den eigenen Werken vornehmen. Auch ist es durchaus üblich, daß überzählige Beschäftigte zu den Vertragslieferanten „versetzt“ werden. Im allgemeinen nehmen diese gut qualifizierte Arbeitskräfte von ihren Hauptauftraggebern auch gerne auf, da bei ihnen ein chronischer Mangel an solchen Arbeitskräften besteht. Die Absorptionsfähigkeit hat allerdings Grenzen, wenn die Nachfrage stark zurückgeht. Nicht selten zwingen die Großfirmen ihre „Subcontractors“ aber auch dann, Arbeitskräfte zu übernehmen, wenn diese keinen Bedarf an zusätzlichen Arbeitskräften haben. Das Beschäftigungsrisiko wird dadurch auf die zahlreichen kleinen Zulieferbetriebe verlagert, die — anders als die Großbetriebe — nicht das Prinzip der sog. „lebenslangen Beschäftigung“ praktizieren. „Shitauke companies can be and are used as a buffer for the absorption of surplus labour which big companies cannot employ but which also cannot be dismissed or laid off under the famous Japanese lifetime-employment system[6].

---

[5] Vgl. Subcontractors: A System Viewed with Suspicion, in: Far Eastern Economic Review, No. 51/20 December 1984, S. 58 ff.

[6] Subcontractors: A System Viewed with Suspicion, a.a.O.

Abb. 2

The Mitsubishi Group

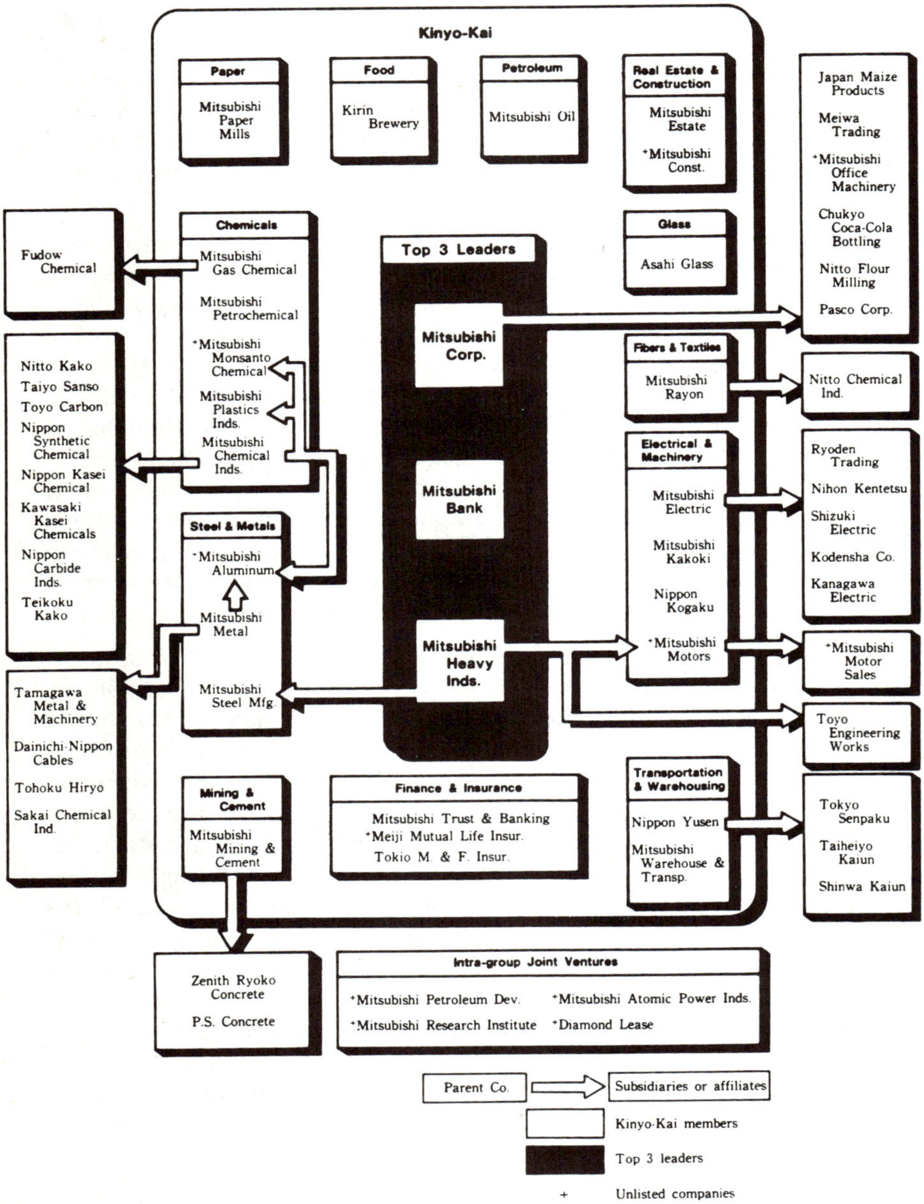

Quelle: Industrial Groupings in Japan, Revised Edition 1984/85, Dodwell Marketing Consultants, Tokyo, October 1984.

3.3 Beschäftigungssicherung als ein wichtiges Ziel der Unternehmenspolitik

Zu den positiven Rahmenbedingungen der Strukturanpassungspolitik in Japan zählt ohne Zweifel der hohe Stellenwert, den japanische Arbeitgeber ihrer sozialen Verantwortung gegenüber ihren Mitarbeitern beimessen. Die Regierung kann sicher sein, daß die Unternehmen strukturschwacher Branchen, die Kapazitäten abbauen müssen, alles versuchen werden, für die nicht mehr benötigten Arbeitskräfte andere Einsatzmöglichkeiten zu finden bzw. sie — trotz erheblicher finanzieller Belastungen — solange wie möglich zu halten. Die Entlassung von Mitarbeitern ist die letzte denkbare Lösung, nicht nur bei Großunternehmen mit ihrem System der sog. „lebenslangen Beschäftigung", sondern auch bei der großen Zahl kleiner und mittlerer Betriebe. „Japans Unternehmer betrachten Entlassungen zur Reduzierung des Beschäftigtenstandes als „ultima ratio", zumindest in bezug auf ihre regulären Mitarbeiter. Auslastungsschwankungen im Konjunkturverlauf gelten auch in der Arbeitsrechtsprechung nicht als hinreichender Grund für die Freisetzung von auf Dauer eingestellten Vollzeitbeschäftigten. Bei Sanierungen aufgrund struktureller Umbrüche muß der Arbeitgeber nachweisen, daß er alle anderen zur Verfügung stehenden, zumutbaren Mittel ausgeschöpft hat, bevor er einen Abbau des Kernpersonals einleiten kann. Zur Wahrung des gesamtwirtschaftlichen Arbeitsfriedens, der innerbetrieblichen Harmonie — und auch der Kreditwürdigkeit — verzichten Japans Arbeitgeber weitestgehend auf explizite Entlassungen"[7].

Diese Grundeinstellung beruht auf der den Arbeitgebern und Arbeitnehmern gemeinsamen Philosophie von der Firma als „Familie". Arbeitgeber engagieren einen Mitarbeiter nicht allein für eine bestimmte Arbeit; sie engagieren den ganzen Menschen. In den japanischen Unternehmen herrscht ein Sinn von Zusammenhalt, von Gruppeneinheit, der die Grundlage der totalen emotionalen Teilnahme des einzelnen Arbeitnehmers am Wohl und Wehe der Gesellschaft ist[8]. Die lebenslängliche Anstellung in den Großunternehmen „macht aus der Erwerbstätigkeit eine eheähnliche Schicksalsgemeinschaft mit dem Unternehmen", „das Arbeitsverhältnis wird zu einer dauerhaften personalen Beziehung mit dem Unternehmen, auf Gedeih und Verderb."[9] Es wird geschätzt, daß die japanische Industrie — gemessen an amerikanischen oder europäischen Maßstäben — einige Millionen Arbeits-

---

[7] Vgl. Angelika Ernst, Beschäftigungsprobleme und Beschäftigungspolitik in Japan, in: Mitteilungen aus der Arbeitsmarkt- und Berufsforschung, Nr. 2, 1981, S. 81 ff.

[8] Vgl. hierzu z. B. Fujio John Tanaka, Lifetime Exploymentin Japan, in: Challenge, July-August 1981, S. 23 ff.

[9] Vgl. Kanji Hane, Grenzenlose Harmonie — ist das menschlich?, in: Psychologie heute, Januar 1982, S. 81 ff.

kräfte beschäftigt, die bei Anwendung strenger Maßstäbe als „unterbeschäftigt“ gelten[10].

Der großen sozialen Verantwortung der Arbeitgeber steht ein für westliche Verhältnisse ungewöhnliches Engagement des Arbeitnehmers, „eine vorbehaltlose Hingabe seiner ganzen Person“[11] gegenüber. Dies äußert sich unter anderem auch in einer relativ hohen Flexibilität bzw. Mobilität[12]. So ist es nicht ungewöhnlich, daß große Gesellschaften unterbeschäftigte Arbeitnehmer an Unternehmen anderer Industriezweige ausleihen, sie aber weiter auf der eigenen Gehaltsliste führen. Andere Mittel der Beschäftigungsanpassung bestehen in der Umsetzung von Beschäftigten in andere Abteilungen und einer Urlaubsgewährung im Vorgriff (bei sehr kurzfristigen Beschäftigungsproblemen). Ein gelernter Monteur findet in Japan nichts dabei, wenn er in seiner Firma mangels Aufträgen vorübergehend zum Tünchen der Fabrikgebäude eingesetzt wird oder für zwei oder drei Monate zur Verstärkung des Vertriebs in den Außendienst abgeordnet wird. Festzuhalten bleibt, daß die Probleme der Beschäftigungsanpassung in Japan in stärkerem Maße von der Wirtschaft selbst gelöst werden, als dies in Europa der Fall ist. Die japanischen Betriebsgewerkschaften spielen in diesem Prozeß eine vermittelnde und damit unterstützende Rolle. Die Unternehmen und ihre Gewerkschaften bilden eine Art Partnerschaft, die es beispielsweise ermöglicht, die Arbeiter jederzeit von einer Tätigkeit in eine andere, von einem Werk zu einem anderen zu versetzen. Dies war übrigens nicht immer so. Ende der fünfziger Jahre war es in einer Reihe von Branchen, die Beschäftigungsanpassungen vornehmen mußten, zu militanten Konflikten gekommen. In den sechziger Jahren hatte es anläßlich der Schließung von Kohlezechen erhebliche, teilweise blutige Auseinandersetzungen gegeben. Diese führten zu einer Schwächung der Gewerkschaften und in der Folge zu einer eher kompromißbereiten Haltung in der Vertretung von Arbeitnehmerinteressen. Heute sind regelmäßige Beratungen zwischen Firmenleitung und Gewerkschaft in den meisten Unternehmen an der Tagesordnung, haben ein von gegenseitigem Verständnis geprägtes Klima geschaffen.

---

[10] Die mit der „lebenslangen Beschäftigung“ verbundene Inflexibilität (hohe Fixkostenbelastung auch bei rückläufiger Nachfrage) wird häufig als Nachteil ausgelegt; es kann darin aber auch ein Stimulus der Diversifikation gesehen werden: Unternehmen, die Arbeitskräfte nicht einfach freisetzen können, sehen sich eher veranlaßt, nach neuen Tätigkeitsgebieten zu suchen.

[11] Kanji Hane, a.a.O.

[12] Von nicht zu unterschätzender Bedeutung für die angesprochene Flexibilität japanischer Arbeitnehmer ist deren vergleichsweise hoher Bildungsgrad. Rund 96 % der Japaner haben eine höhere Schule abgeschlossen, sind also mindestens 12 Jahre zur Schule gegangen; rd. 37 % eines Jahrgangs besuchen eine der 451 staatlichen oder privaten Universitäten. Diese gute Ausbildung erleichtert es, Arbeitnehmer in einem anderen Tätigkeitsbereich einzusetzen, ohne sie länger umschulen zu müssen.

3.4 Das besondere Verhältnis zwischen Wirtschaft und Staat als Folge eines ausgeprägten Harmoniestrebens

Das japanische Volk hat Tausende von Jahren als homogene Rasse auf engstem Raum gelebt, relativ isoliert vom Rest der Welt. Diese historischen Umstände haben Menschen geschaffen, die einander instinktiv verstehen und eng zusammenarbeiten. Artikel 1 der alten japanischen Verfassung aus dem 7. Jahrhundert lautet: „Harmonie steht über allem". Diese starke auch heute noch die Erziehung bestimmende Betonung des Harmoniegedankens und damit der sprichwörtlichen Konsensbereitschaft hat dazu beigetragen, daß Wirtschaft und Regierung (vertreten durch das MITI) eng und vertrauensvoll zusammenarbeiten, einen ständigen Dialog und intensiven informellen Gedankenaustausch pflegen[13].

Viele Beobachter sehen in dieser Kooperation zwischen Wirtschaft und Regierung die Basis des Erfolgs der japanischen Industriepolitik[14]. Sie wird durch weitgehende personelle Verflechtungen erleichtert. Viele ehemalige hohe MITI-Beamte übernehmen nach ihrer Pensionierung leitende Positionen in der Industrie, sie verhandeln dann mit ihren Nachfolgern im Ministerium, die früher in der Regel ihre Mitarbeiter waren. Hinzu kommt, daß auch die alten Universitätskontakte während des gesamten Berufslebens intensiv gepflegt werden. Entscheidend für die Bereitschaft der Wirtschaft zu dieser engen Kooperation mit der Bürokratie ist aber die hohe Achtung, die in Japan Regierungsbeamten allenthalben entgegengebracht wird. In Japan ist die Tätigkeit im öffentlichen Dienst die angesehenste Tätigkeit. Die besten Absolventen der führenden Universitäten gehen nicht in die Wirtschaft oder in die Justiz, sondern in die Regierung, und die allerbesten von ihnen zum MITI und zum Finanzministerium. Die fachliche Qualität der MITI-Beamten ist in japanischen Wirtschaftskreisen unumstritten.

---

13 Vgl. Yoshizo Ikeda, a.a.O.

14 Vgl. z. B. C. J. F. Brown, Industrial Policy and Economic Planning in Japan and France, in: National Institute Economic Review, No. 93, August 1980, London, S. 59 ff.

4. Die Strukturanpassungspolitik von 1978 bis 1983 unter dem Krisenbranchen-Stabilisierungsgesetz von 1978

4.1 Strukturprobleme der Verarbeitenden Industrie

Die wirtschaftlichen Anstrengungen Japans nach dem zweiten Weltkrieg waren auf den Wiederaufbau der zerstörten Wirtschaft und eine rasche Industrialisierung ausgerichtet, mit dem Ziel, den Westen wirtschaftlich einzuholen. Während der 25 Jahre bis zum ersten „Ölschock" entwickelte sich die verarbeitende Industrie weitgehend störungsfrei (vgl. Abschnitt 2.3.1). Diese Situation änderte sich nach der ersten Ölpreiserhöhung 1973/74. Als Folge der starken Abhängigkeit Japans von Ölimporten bei seiner Energieversorgung mußten energieintensive Industriezweige wie die Aluminium-, die Elektrostahl- und die Papierindustrie Einbußen ihrer Wettbewerbsfähigkeit hinnehmen. Einen starken Kostenanstieg hatten auch die Petrochemie, die Stickstoffdüngerindustrie und die Hersteller von Synthesefasern wegen der Verteuerung ihres Hauptrohstoffs Öl zu verzeichnen. Hinzu kam ein preis- und rezessionsbedingter Rückgang der Nachfrage, der nicht nur die genannten Grundstoffindustrien, sondern auch den Schiffbau traf. Schließlich sah sich Japan in den siebziger Jahren einem vermehrten Konkurrenzdruck aus den Ostblockländern und den Schwellenländern ausgesetzt, die erhebliche Anstrengungen unternahmen, Grundstoffindustrien und Werften aufzubauen (vgl. auch Abschnitt 2.3.2)[1].

Als Folge der veränderten Nachfrage- und Wettbewerbsbedingungen mußten der Schiffsbau und wichtige Bereiche der Grundstoffindustrie Produktionseinbußen hinnehmen. So ging die Produktion in den meisten der 14 Industriezweige, die seit 1978 der Strukturanpassungspolitik unterworfen wurden, nach 1973 zurück. Auch die Beschäftigung nahm in diesen Branchen ab. Nur die Produktionskapazitäten wurden in fast allen Branchen weiter erhöht (vgl. Tabelle 1). Die Gewinnsituation verschlechterte sich. Die Zahl der Konkurse nahm zu. Diese Entwicklung veranlaßte die japanische Regierung, eine umfassende Strukturanpassungspolitik in Angriff zu nehmen.

---

[1] Vgl. MITI, The Positive Adjustment Policy for the Basic Materials Industries, a.a.O.

4.2 Die Anpassungspolitik im Überblick

Die Forderung nach einer umfassenden Strukturanpassungspolitik wurde seit Mitte der siebziger Jahre von den durch die erste Ölpreiskrise besonders betroffenen Unternehmen und ihren Verbänden erhoben. Sie stießen damit beim MITI auf offene Ohren. MITI hatte schon bisher von Fall zu Fall industriepolitische Maßnahmen zugunsten strukturschwacher Industriezweige ergriffen. Auch fühlte es sich den Grundstoffindustrien, deren Aufbau es in den fünfziger und sechziger Jahren forciert hatte, bei der Lösung der anstehenden Probleme verpflichtet. Schließlich erkannte MITI, daß ein von Energieimporten abhängiges Land wie Japan seine energieintensiven Industriezweige den veränderten Marktbedingungen anzupassen hatte. In einem ersten Schritt wurde deshalb im Jahre 1977 strukturschwachen Industrien erlaubt, Rezessionskartelle — ein in Japan seit langem erprobtes Instrument — weiterzuführen oder neu zu vereinbaren[2]. Im Jahre 1978 wurde dann das Krisenbranche-Stabilisierungsgesetz (mit einer fünfjährigen Laufzeit bis zum 30.6.1983) verabschiedet.

Das Krisenbranchen-Stabilisierungsgesetz bildete die wichtigste gesetzliche Grundlage für die Strukturanpassungspolitik gegenüber Großbetrieben in strukturschwachen Industriezweigen. Es wurde ergänzt durch einige schon früher verabschiedete Branchengesetze wie das „Shipbuilding Law" von 1950, das „Temporary Law for Coordination of Shipbuilding" von 1953 oder die „Textile Acts" von 1967 und 1974. Aus den Gesetzen allein läßt sich die in Japan verfolgte Strukturanpassungspolitik aber nicht ableiten. Gesetzen kommt in Japan eine geringere Bedeutung für die Ausgestaltung der Strukturpolitik zu als in der Bundesrepublik Deutschland. Sie bilden lediglich den Rahmen, der im einzelnen durch staatliche Verordnungen und Absprachen zwischen Ministerien und Industrie ausgefüllt wird[3].

Durch das Krisenbranchen-Stabilisierungsgesetz wurde die Strukturanpassungspoltik auf eine breite Grundlage gestellt. Nicht mehr einzelne Sektoren, sondern alle strukturschwachen Industriezweige wurden zum Gegenstand der staatlichen Strukturanpassungspolitik erhoben. Durch das Gesetz wurden die Elektrostahlindustrie[4], die Aluminiumindustrie, die Synthesefaserindustrie (mit den Produktbereichen: Nylonfäden, Polyacrilnitritfasern, Polyesterfäden und Polyesterfasern) sowie der Schiffbau offiziell zu strukturschwachen Industriezweigen erklärt. Darüber hinaus wurden in dem

[2] Vgl. Gary R. Saxonhouse, Industrial Restructuring in Japan, a.a.O., S. 305 ff.

[3] Auf der anderen Seite wird mit der Verabschiedung von Gesetzen ein Signal gesetzt, das die betroffenen Unternehmen veranlaßt, von sich aus geeignete Anpassungsmaßnahmen zu ergreifen.

[4] Die Stahlproduktion nach dem Siemens-Martin-Verfahren wurde offiziell in die Strukturanpassungspolitik einbezogen; schon seit 1978 wurde aber kein Siemens-Martin-Stahl mehr produziert.

Tab. 1

Entwicklung strukturschwacher Industriezweige, 1973–1984

B = Beschäftigungszahl P = Produktion in 1 000 t, im Schiffbau 1 000 BRT PK = Produktionskapazität in 1 000 t

Wirtschaftszweig	Indi-kato-ren	1973	1974	1975	1976	1977	1978	1979	1980	1981	1982	1983	1984
Schiffbau-industrie	B	193 000	197 000	200 000	180 000	164 000	137 000	120 000	113 000	114 000	114 000	113 000	
	P	13 903	17 360	17 066	14 406	9 697	4 943	3 933	6 571	8 491	7 042	7 175	
	PK[a]	9 360	9 610	9 820	9 800	9 800	9 800	9 800	6 190	6 190	6 190	6 130	
Aluminium-industrie	B	13 579	13 711	13 437	11 707	9 817	8 557	8 003	7 276	5 844	4 057	3 720	3 720
	P	1 082	1 116	988	970	1 188	1 023	1 043	1 038	665	295	264	278
	PK	1 238	1 416	1 447	1 588	1 642	1 589	1 160	1 157	1 136	743	712	712
Elektrostahl-industrie	B					34 400	33 900	32 600	32 000	31 300	30 560	29 300	
	P[b]						17 110	20 180	19 280	19 040	20 150	20 200	
	P[c]	11 666	10 543	7 313	10 049	9 633	11 491	14 743	12 383	11 283	12 430	12 390	
	PK[b]	15 900	17 500	19 300	19 950	20 950	20 260	22 460	24 770	26 010	26 710	26 710	25 510
Synthesefasern insgesamt	B	54 216	51 495	52 138	47 929	41 021	35 422	33 876	33 823	31 303	28 338	28 403	
Herstellung von Nylonfäden	P	320	274	261	280	287	288	291	294	275	256	263	279
	PK	328	328	328	328	367	368	300	312	312	311	313	313
Herstellung von Acrylfasern	P	333	276	241	307	335	371	355	350	348	344	355	367
	PK	321	326	326	342	431	439	379	389	388	368	381	381
Herstellung von Polyesterfäden	P	222	203	199	251	279	318	314	305	310	314	310	327
	PK	220	220	227	251	350	362	341	360	369	375	391	397
Herstellung von Polyesterfasern	P	256	263	246	284	294	319	318	320	321	314	320	320
	PK	306	306	306	312	398	430	366	378	377	374	386	386

Herstellung von Harnstoff	B	605	623	624	601	461	355	332	299	236	200	193	
	P	3 384	3 589	2 127	1 446	1 972	2 135	2 033	1 555	1 311	1 093	948	
	PK	3 813	3 870	3 870	3 870	3 936	3 985	2 625	2 318	2 318	2 318	2 318	
Herstellung von Ammoniak	B		901	940	904	784	1 002[d]	865	793	774	753	703	
	P	3 874	3 974	2 982	2 516	2 842	2 902	2 868	2 350	2 136	1 953	1 923	
	PK	4 434	4 434	4 434	4 434	4 552	4 559	3 700	3 371	3 371	3 371	3 193	
Flüssigphosphor-industrie	B	523	523	523	498	498	438	438	424	414	407	382	
	P	663	676	525	521	542	540	593	518	484	496	505	503
	PK	850	863	881	935	934	934	782	761	761	761	720	681
Baumwoll-spinnerei	B					71 996	67 474	65 656	61 132	61 100			
	P					884	982	1 072	1 030	964			
	PK					1 261	1 172	1 139	1 131	1 076			
Kammgarn-spinnerei	B					22 988	20 190	18 914	16 602	15 273			
	P	182	109	140	158	117	105	124	113	115		129	
	PK					182	168	146	141	143			
Wellpappe-industrie	B							6 351	6 388	6 232	6 099	6 149	
	P	5 162	5 055	4 037	4 619	4 694	4 957	5 509	4 781	4 459	4 503	4 879	5 110
	PK	5 363	6 503	7 038	7 403	7 429	7 549	6 338	6 968	7 100	7 244	7 759	6 899
Eisensilizium-industrie	B	1 262	1 390	1 514	1 440	1 194	1 474	1 449	1 241	1 029	839	563	528
	P	348	382	306	322	287	270	332	285	220	184	152	155
	PK	500	496	454	492	498	518	412	412	346	346	346	290

[a] In 1 000 CBRT (mit Produktionszahlen nicht vergleichbar). – [b] Herstellung von Stabstahlprofilen. – [c] Herstellung von Stabstahl. – [d] Der von MITI ausgewiesene Anstieg der Beschäftigung überrascht, da die Produktionskapazitäten im selben Jahr nicht ausgeweitet wurden und die Produktion nur leicht zunahm.

Quelle: MITI, »Fair Trade Commission «, Verbandsstatistiken.

einen Jahr nach Inkrafttreten des Gesetzes die Stickstoffdüngeindustrie (mit den Produktionsbereichen Ammoniak und Harnstoff), Baumwoll- und Kammgarnspinnereien, die Eisensiliziumindustrie und die Wellpappeindustrie per Verordnung in den Kreis der Industrien mit Anpassungsbedarf aufgenommen (vgl. Tabelle 2).

Tab. 2: Das Krisenbranchen-Stabilisierungsgesetz von 1978 im Überblick

1) Erfaßte Industriezweige	Per Gesetz: Elektrostahlindustrie, Aluminiumindustrie, Herstellung von Synthesefasern (4), Schiffbau Per Verordnung: Düngemittelerzeugung (2), Spinnereien (2), Eisensiliziumindustrie, Wellpappeindustrie
2) Zielsetzung	Abbau überschüssiger Produktionskapazitäten
3) Informationsgrundlage	Stabilisierungspläne für die jeweiligen Industriezweige
4) Maßnahmen	
- Steuervergünstigungen	
- Subventionen	
- Kredite	Errichtung eines Kreditgarantiefonds für Kredite an strukturschwache Industrien zwecks Kapazitätsreduzierung
- sonstige	Bildung von Kartellen für den Abbau von Produktionskapazitäten

( ) Anzahl der einbezogenen Produktionssparten.

Quelle: Ifo-Institut

Ziel der Strukturanpassungspolitik war die wirtschaftliche Erholung und „Stabilisierung“ strukturschwacher Industriezweige durch den systematischen Abbau von Überkapazitäten. Dadurch sollte der ansonsten drohende übermäßig scharfe Wettbewerb reduziert und die Gewinnsituation in diesen Branchen verbessert werden. Der Kapazitätsabbau sollte nicht allein den Marktkräften überlassen bleiben, sondern „geordnet“ erfolgen. Möglichst alle Unternehmen eines Industriezweiges sollten Produktionskapazitäten abbauen, der Bankrott von Unternehmen im Anpassungsprozeß vermieden werden. Der Kapazitätsabbau sollte so terminiert werden, daß betroffene Arbeitskräfte rechtzeitig umgesetzt werden können. Das Ausmaß der Kapazitätsreduzierung sollte schließlich so bemessen sein, daß Überkapazitäten in Zukunft nicht mehr auftreten. In Tabelle 3 ist das Ausmaß des 1978 geplanten Kapazitätsabbaus für die 14 erfaßten Industriezweige zusammengestellt worden. Danach sollten zwischen 5,6% und 44,9% der im Jahre 1978 bestehenden Kapazitäten in den einzelnen Industriebranchen abgebaut werden.

Träger der staatlichen Strukturanpassungspoltik sind in erster Linie die Ministerien und hier vor allem das MITI. Mit Ausnahme des Schiffbaus, der in den Zuständigkeitsbereich des „Ministry of Transport“ (MOT) gehört, fallen alle anderen Sektoren in den Aufgabenbereich des MITI. Innerhalb des MITI sind die Industrieabteilungen für die wirtschaftliche Entwicklung der jeweiligen Sektoren und die sektorale Strukturanpassungspolitik verantwortlich. Die Ministerien wählten die Industriezweige, die Gegenstand der Strukturanpassungspolitik sind, endgültig aus, sie stellten einen Stabilisierungsplan für die einzelnen Branchen auf und veranlaßten die Bildung von Kartellen zum Zweck des Kapazitätsabbaus, sofern die Unternehmen sich nicht einigen konnten, ihre Kapazitäten „freiwillig“ zu reduzieren. Der „Industrial Structure Council“ und seine sektoralen Unterausschüsse wirkten beratend bei der Auswahl strukturschwacher Industriezweige, der Aufstellung sektoraler Stabilisierungspläne und der Bildung von Kartellen mit (vgl. auch Abschnitt 2.2.2). Eine weitere wichtige Institution bildete die „Fair Trade Commission“, ohne deren Zustimmung Kartelle zum Abbau von Produktionskapazitäten nicht abgeschlossen werden können. Schließlich ist noch der staatliche Kreditgarantiefonds zu erwähnen, der Garantien für Kredite an strukturschwache Industrien gewährte (vgl. Abbildung 3).

Die Strukturanpassungspolitik gegenüber Großbetrieben in strukturschwachen Industriezweigen umfaßte drei Maßnahmen:

— Es wurden sektorale Stabilisierungspläne unter Beteiligung der wichtigsten von der Strukturanpassung betroffenen Gruppen aufgestellt. Damit wurde der gesellschaftliche Konsens über die Notwendigkeit des Strukturwandels gefördert.

— Falls die Unternehmen eines strukturschwachen Industriezweiges sich nicht auf ein Verfahren zur Kapazitätsreduzierung entsprechend dem

Tab. 3: Abbau von Produktionskapazitäten unter dem Krisenbranchen-Stabilisierungsgesetz von 1978

Erfaßte Industriezweige	A Produktionskapazität 1978 a)	B Geplanter Kapazitätsabbau	C Realisierter Kapazitätsabbau (31.3.82)	B:A	C:B
	1000 t pro Jahr			%	%
Schiffbau b)	9770	3420	3580	35,0	104,7
Aluminiumindustrie	1642c)	530	899	32,3	169,6
Elektrostahlindustrie	20790	2850	2720	13,7	95,4
Herstellung von Nylonfäden x)	366,7c)	71,5	72,9	19,5	102,0
Herstellung von Acrylfasern x)	430,5c)	73,2	95,5	17,0	130,5
Herstellung von Polyesterfäden x)	349,8c)	36,8	36,6	10,5	99,5
Herstellung von Polyesterfasern x)	397,5c)	67,6	70,7	17,0	104,6
Herstellung von Harnstoff x)	3985	1790	1670	44,9	93,3
Herstellung von Ammoniak x)	4559	1190	1190	26,1	100,0
Flüssigphoshorindustrie	934	190	174	20,3	91,6
Baumwollspinnerei	1204	67,1	52,3	5,6	77,9
Kammgarnspinnerei x)	181,7c)	18,3	17,6	10,1	96,2
Wellpappeindustrie	7549	1147	1083	15,2	94,4
Eisensiliziumindustrie	487	100	100	20,5	100,0

a) In einigen Fällen geringfügige Abweichungen von den in Tabelle 1 wiedergegebenen Produktionskapazitäten
b) Mill.BRT
c) 1977
x) Mit Kartellabsprache

Quelle: Fair Trade Commission, Report of the Economic Research Department, Industrial Adjustment and Competitive Policies under Slower Growth, Nov. 1982.

Abb. 3

Entscheidungsprozesse der Strukturanpassungspolitik unter dem Krisenbranchen-Stabilisierungsgesetz von 1978

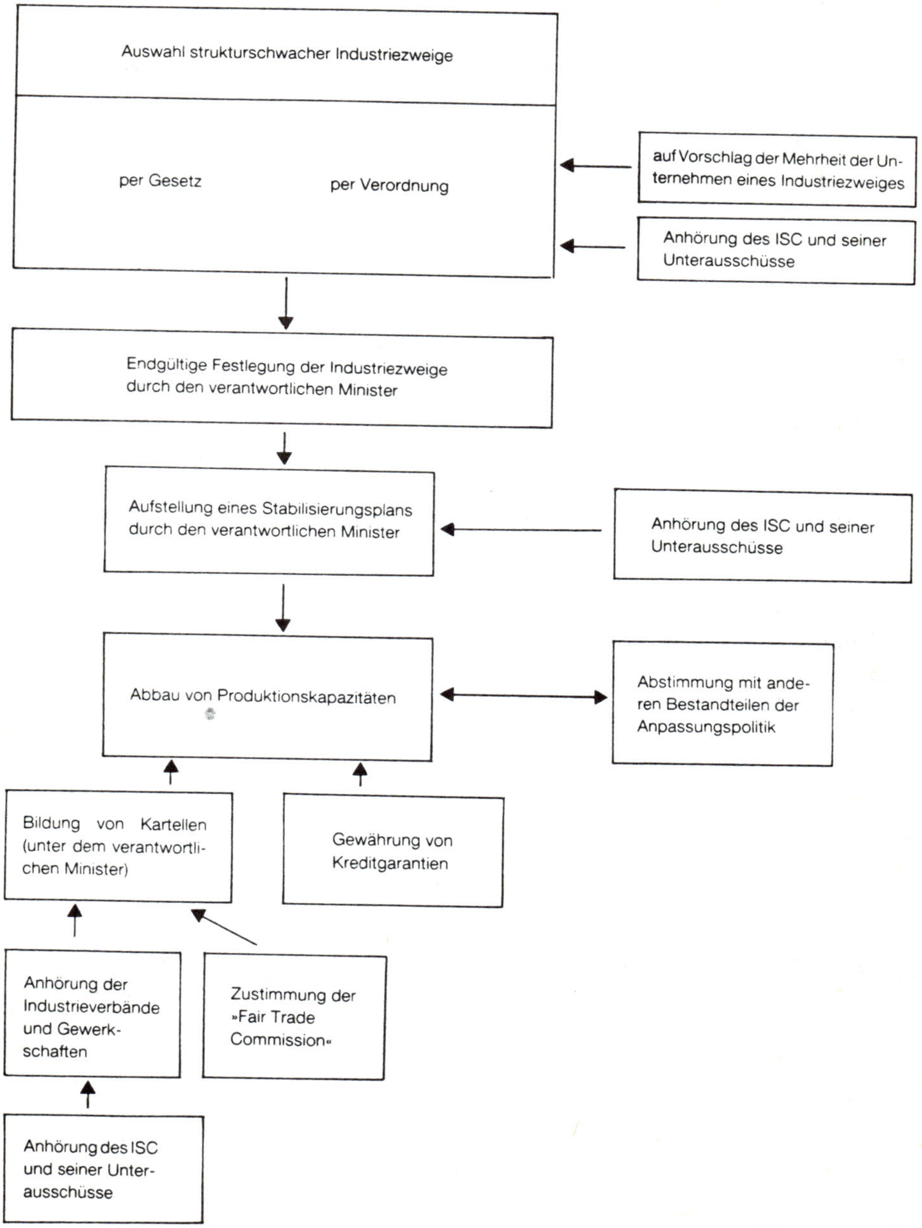

Quelle: MITI.

Stabilisierungsplan einigen konnten, konnte der verantwortliche Minister die Bildung eines Kartells anordnen, das ein koordiniertes Vorgehen beim Kapazitätsabbau beinhaltete.

— Zur Unterstützung der Reduzierung von Produktionskapazitäten wurden schließlich staatliche Garantien gewährt, die notleidende Unternehmer bei der Aufnahme von Krediten in Anspruch nehmen konnten (vgl. Abschnitt 4.4).

4.3 Entscheidungsprozesse und -kriterien

4.3.1 Auswahl strukturschwacher Industriezweige

Eine wichtige Entscheidung, die jede Strukturanpassungspolitik zu treffen hat, besteht in der Auswahl der anzupassenden Industriezweige bzw. Produktionssparten. Hierbei können die Entscheidungsträger von den Industriezweigen ausgehen, die in wirtschaftliche Schwierigkeiten geraten sind. Eine vorausschauende Strukturanpassungspolitik wird aber auch diejenigen Industriezweige einbeziehen, die in Zukunft Probleme haben werden. In beiden Fällen ist zu klären, ob die wirtschaftlichen Schwierigkeiten lediglich konjunkturbedingt oder aber auf strukturelle Faktoren zurückzuführen sind, die eine Reduzierung der Produktionskapazitäten erforderlich machen. Die Gründe für ein strukturbedingtes längerfristiges Schrumpfen von Industriezweigen können in Veränderungen der Nachfrage oder der Angebotsbedingungen (Abnahme der komparativen Kostenvorteile, Innovationsprozesse usw.) liegen. Sie führen in der Regel zu einer Veränderung der relativen Preise und einer Abnahme der Unternehmensgewinne[5].

In Japan oblag die Analyse der sektoralen Nachfrage- und Angebotsbedingungen dem „Industrial Structure Council“ und seinen Unterausschüssen. In enger Kooperation mit dem jeweiligen Industrieverband und den Banken hat der Council geprüft, ob die wirtschaftlichen Schwierigkeiten der untersuchten Branchen struktureller Art und nur durch einen Abbau von Produktionskapazitäten zu überwinden waren. Bestand hierüber ein breites Einverständnis, so war eine Bedingung dafür erfüllt, daß dieser Industriezweig in die Strukturanpassungspolitik einbezogen wurde. Zusätzlich mußten aber noch drei weitere Bedingungen gegeben sein:

— Der Industriezweig mußte erhebliche Überkapazitäten aufweisen,

— mehr als die Hälfte der Unternehmen eines Industriezweiges mußte sich in finanziellen Schwierigkeiten befinden, und

[5] Vgl. OECD, Positive Adjustment Policy, Managing Structural Change, a.a.O., S. 56 ff.

— mehr als zwei Drittel der Unternehmen einer Branche mußten einen Antrag auf Einbeziehung in die staatliche Strukturanpassungspolitik stellen.

Unter diesen Bedingungen konnte der zuständige Minister den Industriezweig offiziell zu einem strukturschwachen Wirtschaftszweig erklären. 14 Industriezweige bzw. Produktionssparten wurden auf diese Weise 1978 der Strukturanpassungspolitik unterworfen.

4.3.2 Festlegung des Ausmaßes der sektoralen Kapazitätsreduzierung

Nach der Auswahl der Industriezweige wurde in einem zweiten Schritt das Ausmaß der geplanten Kapazitätsreduzierung festgelegt. Hierfür bildeten Vorausschätzungen der sektoralen Nachfrage- und Angebotsbedingungen sowie Analysen der internationalen Wettbewerbsfähigkeit die Grundlage. Die Vorausschätzungen und Analysen wurden von den Unterausschüssen des „Industrial Structure Council" und von den einzelnen Industrieverbänden getrennt erstellt und dann miteinander abgestimmt. Hierbei spielten die Industrieverbände die wichtige Rolle eines Vermittlers zwischen der staatlichen Bürokratie und den Industrieunternehmen. Waren zum Beispiel die Unternehmen eines Industriezweiges nicht bereit, ihre Produktionskapazitäten in einem Ausmaß zu reduzieren, wie es von der Nachfrageseite und der Wettbewerbsfähigkeit her erforderlich gewesen wäre, so plädierten die Industrieverbände dafür, daß auf sektoraler Ebene ein geringerer Kapazitätsabbau angestrebt wurde. Die in Tabelle 3 zusammengestellten Zielvorgaben waren deshalb nicht allein Ausdruck zukünftiger Marktentwicklungen, sondern spiegelten auch die Bereitschaft von Unternehmen, Produktionskapazitäten abzubauen, wider.

4.3.3 Bestimmung der unternehmensspezifischen Kapazitätsreduzierung

In engem Zusammenhang mit der Festlegung der Branchenziele erfolgte in einem dritten Schritt die Aufteilung des sektoralen Kapazitätsabbaus auf die einzelnen Unternehmen. Art und Ergebnis der Verteilung der Anpassungslasten bestimmen in erheblichem Maße den Erfolg der Strukturanpassungspolitik. Nur wenn die einzelnen Unternehmen ihren Beitrag zum Kapazitätsabbau akzeptieren, wird es zu einer koordinierten Kapazitätsreduzierung kommen. Des weiteren ist die Stillegung der ineffizientesten Produktionsanlagen eine wichtige Voraussetzung für die angestrebte Gesundung des Industriezweiges.

Der von den einzelnen Unternehmen zu realisierende Kapazitätsabbau wurde von den beteiligten Unternehmen in einem langen Diskussions- und

Verhandlungsprozeß festgelegt. Hierbei bestand Einigkeit, daß — wenn irgend möglich — kein Unternehmen ganz schließen, sondern alle Unternehmen einen Teil ihrer Anlagen stillegen sollten. Welche Anlagen dies sein sollten, wurde abhängig gemacht von der technischen und ökonomischen Effizienz der Anlagen, von der Finanzkraft der Unternehmen, bestimmte Anpassungslasten tragen zu können, aber auch von den sozialen Folgen und den politischen Widerständen, die mit der Schließung von Betrieben verbunden waren.

In den einzelnen Industriezweigen hat es unterschiedliche Verfahren gegeben, den Beitrag von Unternehmen zum Kapazitätsabbau festzulegen. In einigen Fällen einigten sich die Unternehmen auf ein individuell unterschiedliches Ausmaß des Kapazitätsabbau, das in seiner Summe den sektoralen Zielvorgaben entsprach. Konnte eine solche Einigung nicht erzielt werden, so wurde ein formales Vorgehen gewählt. Die einfachste Formel bestand darin, daß jedes Unternehmen seine Produktionskapazitäten um den gleichen Prozentsatz reduzierte. Dem Vorteil, sich auf einen linearen Kapazitätsabbau relativ leicht einigen zu können, steht der Nachteil gegenüber, daß Effizienzgesichtspunkte unberücksichtigt bleiben. So mußten Unternehmen mit effizient arbeitenden Anlagen einen Teil stillegen, während andere Unternehmen (möglicherweise) ineffizientere Anlagen weiter betreiben konnten[6].

Um Effizienzüberlegungen Rechnung zu tragen, wählte die Synthesefaserindustrie ein differenzierteres Verfahren. Die Hälfte des in den einzelnen Branchen zu realisierenden Kapazitätsabbaus wurde den einzelnen Unternehmen entsprechend ihrem Anteil an der Branchenkapazität zugeteilt. Die übrigen 50% wurden entsprechend der Abweichung des individuellen Auslastungsgrades vom Durchschnitt der Branche aufgeteilt. Der Auslastungsgrad diente dabei als Indikator für die Effizienz bzw. erfolgreiche Marketinganstrengungen. Ein hoher Auslastungsgrad hatte zur Folge, daß die Kapazitätsreduzierung geringer ausfiel als bei Unternehmen mit niedrigerem Auslastungsgrad (vgl. auch Abschnitt 5.4)[7]. Den Auslastungsgrad als Kriterium für die Effizienz heranzuziehen, ist plausibel, kann jedoch auch Probleme bergen. So können Betriebe mit alten und schon abgeschriebenen Anlagen möglicherweise preisgünstiger anbieten als Betriebe mit neuen, technisch effizienteren Anlagen und sich damit eine höhere Auslastung ihrer Anlagen sichern. Auch können wirtschaftspolitische Maßnahmen (öffentliche Aufträge, Subventionsgewährung) zu einem relativ hohen Auslastungsgrad von

[6] Aus diesem Grunde hat sich die „Fair Trade Commission" gegen eine lineare Kapazitätsreduzierung ausgesprochen. Vgl. Fair Trade Commission, Economic Study Group, Industrial Adjustment and Competition Policies under Slow Growth (Teseicho Keizaiko no Sangyochosei to Kyososeisaku), Tokyo 1982 (Report by the Baba Group).

[7] Vgl. Toshihiro Horiuchi, Capacity Reduction and Cartel Actions in Synthetic Fiber Industries (Gosenkogyo no Setsubishari to Uyodokoi), Tokyo 1984 (unveröffentlichtes Manuskript).

Unternehmen beitragen, ohne daß dies aus Effizienzgesichtspunkten gerechtfertigt wäre.

Ein weiteres Verfahren zum Abbau von Produktionskapazitäten findet sich im Schiffbau. Nicht Effizienzgesichtspunkte, sondern die Finanzkraft von Unternehmen, Anpassungslasten tragen zu können, bildete hier das Kriterium. Es wurde davon ausgegangen, daß große Werften die Kapazitätsanpassung eher verkraften können als kleine Werften. Auch wurde berücksichtigt, daß große Werften einer ungünstigeren Nachfrageentwicklung entgegensahen als kleine Werften mit ihrem andersartigen Angebotssortiment. Ausgehend von diesen Überlegungen wurde festgelegt, daß die Werften ihre Kapazitäten um folgende Prozentsätze reduzieren sollten: 7 große Werften: 40%, 17 mittlere Werften: 30%, 16 mittelkleine Werften: 27% und 21 kleine Werften: 15% (vgl. Abschnitt 5.1).

Mit der Festlegung einer Formel für die Aufteilung der angestrebten Kapazitätsreduzierung auf die einzelnen Unternehmen war der gemeinsame Entscheidungsprozeß der Unternehmen eines Industriezweiges beendet[8]. In bilateralen Verhandlungen versuchten die einzelnen Unternehmen aber weiterhin, Art und Umfang der ihnen auferlegten Kapazitätsreduzierung zu verändern. So leistete Unternehmen A Zahlungen an Unternehmen B, damit es selbst bestimmte Anlagen erhalten konnte, während B entsprechende Anlagen stillegen mußte. Oder A vereinbarte mit B, daß es seine Anlagen für Produkt I nicht wie vorgesehen stillegte, dafür aber die Anlagen zur Herstellung von II völlig abbaute, während B auf die Herstellung von I verzichtete, II dagegen im bisherigen Umfang weiterproduzierte. Solche bilateralen Kompensationsgeschäfte haben eine nicht unerhebliche Rolle für die Allokation des sektoral vorgegebenen Kapazitätsabbaus gespielt.

Die Darstellung der Entscheidungsprozesse hat gezeigt, wie differenziert die Zielvorgaben für den Kapazitätsanpassungsprozeß in Japan festgelegt worden sind. Durch die starke Einbeziehung der Unternehmen in den Entscheidungsprozeß wurde erreicht, daß realistische Entscheidungsgrundlagen vorlagen. Auch kam dadurch das Interesse der Unternehmen an einer Stillegung der ineffizientesten Anlagen und Betriebe zum Tragen. Der Erhaltung marginaler Betriebe, die der staatlichen Strukturanpassungspolitik teilweise zum Vorwurf gemacht wird, wurde dadurch entgegengewirkt.

[8] Die für Europäer erstaunliche Beobachtung, daß japanische Unternehmer ihre Politik den Zielsetzungen der Gemeinschaft anpassen, erklärt sich auch mit den Wertvorstellungen der japanischen Gesellschaft. Die Erziehung in Japan ist darauf ausgerichtet, daß der Einzelne sein Verhalten gemeinschaftlichen Zielen unterordnet.

4.4 Maßnahmen

4.4.1 Sektorale Stabilisierungspläne

Die Strukturanpassungspolitik gegenüber Großbetrieben in strukturschwachen Industriezweigen beinhaltete unter anderem die Aufstellung sektoraler Stabilisierungspläne. Gegenstand der Stabilisierungspläne ist die Analyse der Strukturprobleme der jeweiligen Wirtschaftszweige, die Festlegung der sektoralen Kapazitätsreduzierungsziele und die Ableitung von Maßnahmen zur Förderung der Strukturanpassung. An der Aufstellung der Stabilisierungspläne waren das zuständige Ministerium (in der Regel das MITI), die jeweiligen Industrieverbände und Gewerkschaften, Verbraucher sowie Wissenschaftler beteiligt.

Die Stabilisierungspläne hatten keinen imperativen, die einzelnen Unternehmen auf die Kapazitätsreduzierungsziele verpflichtenden Charakter. Das Krisenbranchen-Stabilisierungsgesetz gestattete dem zuständigen Ministerium lediglich, strukturschwachen Industriezweigen die Vornahme von Erweiterungsinvestitionen zu untersagen. Trotz des indikativen Charakters bildete die Aufstellung von Stabilisierungsplänen eine wichtige Maßnahme zur Strukturanpassung. Indem die relevanten gesellschaftlichen Gruppen an der Analyse der Strukturprobleme ihres Wirtschaftszweiges sowie an der Gestaltung der Strukturanpassung beteiligt wurden und sich auf einen gemeinsamen Stabilisierungsplan einigen mußten, wurde die Bildung eines Konsenses über die Notwendigkeit der Anpassung der Produktionskapazitäten gefördert. Dieser Konsens erhöhte die Bereitschaft der einzelnen Unternehmen, Kapazitäten abzubauen. Er bestärkte die Banken in einer zurückhaltenderen Kreditvergabepolitik gegenüber Unternehmen strukturschwacher Wirtschaftszweige. Schließlich band dieser Konsens die Gewerkschaften in die Strukturanpassungspolitik ein. Ein abgestimmtes Verhalten von Staat, Industrie und Gewerkschaften wurde dabei nicht nur auf nationaler Ebene gefördert, sondern es wurden auch die lokalen Gebietskörperschaften, die Gewerkschaftsorganisationen in den Präfekturen sowie die Arbeitnehmer in betroffenen Betrieben in die Strukturanpassungspoltik einbezogen.

4.4.2 Legalisierung der Kartellbildung für Unternehmen, die Produktionskapazitäten abbauen

Das zweite Instrument der japanischen Strukturanpassungspolitik unter dem Krisenbranchen-Stabilisierungsgesetz von 1978 stellte die Legalisierung von Kartellen zum Abbau von Produktionskapazitäten dar. Kartelle wurden in Japan häufig und für verschiedene Zwecke gebildet. Zwar wurden in dem 1947 auf Veranlassung der amerikanischen Besatzungsmacht verabschiedeten „Anti-Monopoly-Law“ Kartelle verboten. Aber schon 1953 wurde das Gesetz auf Druck der Industrie-Lobby dahingehend geändert, daß Krisen- und Rationalisierungskartelle zugelassen wurden. Im Verlauf der fünfziger und sechziger Jahre wurden weitere Formen wettbewerbsbeschränkender Vereinbarungen durch spezifische Industriegesetze erlaubt. Die Zahl der Kartellabsprachen schnellte in die Höhe. Die kartellfreundliche Haltung der Japaner ist darin begründet, daß für sie seit jeher die Festigung der erreichten Position in der Hierarchie der Unternehmen im Vordergrund des wirtschaftlichen Strebens stand. Das westliche Verständnis von Wettbewerb wurde erst in der zweiten Hälfte des 19. Jahrhunderts nach Japan eingeführt. Daraus erklärt sich auch, daß das Vertrauen vieler Japaner in die Fähigkeit des Marktes, soziale Probleme lösen zu können, geringer ist als das der meisten westlichen Ökonomen[9].

Angesichts der langen Kartelltradition in Japan verwundert es nicht, daß die Bildung von Kartellen mit dem Ziel, den Abbau von Produktionskapazitäten zu erleichtern, Bestandteil der Strukturanpassungspolitik wurde. Vor Verabschiedung des Krisenbranchen-Stabilisierungsgesetzes kam es jedoch zu einer Kontroverse zwischen dem MITI und der „Fair Trade Commission“ über Gegenstand und Geltungsbereich der zu legalisierenden Kartellabsprachen. Der Vorschlag des MITI beinhaltete, daß über die Bildung von Kartellen zum Zweck des Kapazitätsabbaus hinaus Fusionen, die dieses Ziel verfolgen, als auch sonstige Kooperationen zwischen Unternehmen vom „Anti-Monolpoly-Law“ ausgenommen werden. Außerdem forderte MITI, daß Außenseiter sich den Kartellabsprachen der Mehrheit der Unternehmen eines Wirtschaftszweiges zu unterwerfen hätten. Gegen die Vorstellungen des MITI formierte sich Widerstand durch die „Fair Trade Commission“, liberale Ökonomen, Verbraucherverbände und die kleineren Unternehmen der strukturschwachen Industriezweige. Schon im Jahre 1977 hatte die „Fair Trade Commission“ eine, wenn auch nur geringfügige Veränderung des „Anti-Monopoly-Law“ durchsetzen können. Jetzt gelang es ihr, die Ausweitung wettbewerbsbeschränkender Vereinbarungen ebenso wie die Einbindung von Außenseitern in die Kartellabsprachen zu verhindern[10].

---

[9] Vgl. Richard E. Caves, Masu Uekusa, Industrial Organization in Japan, Washington 1976, S. 141 ff.; Wolfgang Pape, Kartellrecht, in: Paul Eubel u.a. (Hrsg.), Das japanische Rechtssystem, Ein Grundriß mit Hinweisen und Materialien zum Studium des japanischen Rechts, Frankfurt a.M. 1980, S. 461-490; Frank K. Upham, Legal and Institutional Dynamics in Japan‘s Cartel Policy: One View of the Domestic Adjustment to External Economic Events, Newton 1984 (unveröffentlichtes Manuskript); Kozo Yamamura, Success that Soured: Administrative Guidance and Cartels in Japan, in: Kozo Yamamura (Ed.), Policy and Trade Issues of the Japanese Economy, American and Japanese Perspectives, Tokyo 1982, S. 77-112.

[10] Vgl. Gary R. Saxonhouse, Industrial Restructuring in Japan, a.a.O., S. 307 ff.; Kozo Yamamura, a.a.O., S. 92 ff.

Das Krisenbranchen-Stabilisierungsgesetz von 1978 regelte die Kartellbildung wie folgt[11]: Falls die Unternehmen eines für strukturschwach erklärten Industriezweiges sich nicht freiwillig auf einen Abbau der Produktionskapazitäten einigten, konnte der zuständige Minister nach Konsultation des jeweiligen Unterausschusses des „Industrial Structure Council" die Bildung eines Kartells anordnen. Dieses Kartell durfte lediglich die Kapazitätsreduzierung zum Gegenstand haben. Die Kartellabsprachen bedurften der Zustimmung der „Fair Trade Commission". Kapazitätsreduzierungskartelle waren von dem allgemeinen Kartellverbot des „Anti-Monopoly-Law" ausgenommen. Während der Laufzeit des Krisenbranchen-Stabilisierungsgesetzes wurde in folgenden Industriezweigen die Bildung von Kartellen staatlich angeordnet: Herstellung von Nylonfäden, von Polyacrylnitritfasern, von Polyesterfäden, von Polyesterfasern, von Harnstoff, von Ammoniak, in der Kammgarnspinnerei und in der Wellpappeindustrie (vgl. Tabelle 3).

Die Bildung von Kartellen zum Zwecke der Kapazitätsreduzierung wurde vom MITI damit begründet, daß die Nachteile rein marktmäßiger Anpassungsprozesse dadurch vermieden würden. Letztere seien häufig dadurch gekennzeichnet, daß Unternehmen beim Auftreten struktureller Überkapazitäten ihre Anlagen anfänglich nur zögernd reduzierten. Sie würden vielmehr versuchen, durch Preisunterbietungen Aufträge von den Konkurrenten abzuziehen, um so eine hohe Auslastung ihrer Produktionskapazitäten zu sichern. Eine solche Investitions- und Preispolitik würde aber recht bald zu Verlusten bei einer Reihe von Unternehmen führen. Diese würden häufig gezwungen, Betriebe abrupt zu schließen oder insgesamt Konkurs anzumelden. Dabei sei nicht auszuschließen, daß Kapazitäten im Übermaß stillgelegt würden. Die ruinöse Konkurrenz hätte abrupte und gehäuft auftretende Kapitalverluste zur Folge. Demgegenüber würden Kartellabsprachen die anfänglichen Widerstände gegen den Kapazitätsabbau reduzieren. Durch eine zeitlich gestreckte, alle Unternehmen erfassende Stillegungspolitik würden zudem die Anpassungskosten gleichmäßiger verteilt. Es würde vermieden, daß Grenzunternehmen ausscheiden müßten.

Von seiten der Kartellgegner wurde angeführt, daß durch die Bildung von Kartellen der Abbau von Produktionskapazitäten nicht beschleunigt würde[12]. Eher würde der Schrumpfungsprozeß verlangsamt. Kapazitätseinschränkungen erleichterten die Durchsetzung von Preiserhöhungen. Außerdem

[11] Vgl. hierzu im Einzelnen: Amelia Porges, On Import Cartels and Industrial Organization in Japan, a Memorandum for the Office of the Special Representative for Trade Negotiations, Washington, D.C. 1979.

[12] Diese These läßt sich nicht damit belegen, daß der Kapazitätsabbau der Sektoren mit angeordneten Kartellen verglichen wird mit dem der übrigen Wirtschaftszweige (vgl. Tabelle 3). Zulässig ist nur der Vergleich der Kapazitätsreduzierung in einer kartellierten Branche mit demjenigen Kapazitätsabbau, der ohne Kartellbildung in dieser Branche eingetreten wäre. Dies aber ist eine hypothetische Gegenüberstellung.

beinhalteten Kartelle zur Kapazitätsreduzierung die Gefahr, daß es auch zu Preisabsprachen und Importbeschränkungen komme[13]. Höhere Gewinne und größere Selbstfinanzierungsmöglichkeiten hätten einen zu geringen Kapazitätsabbau zur Folge. Die negativen Effekte der Kartellbildung entsprächen den Folgen von Erhaltungssubventionen. Veraltete Strukturen würden konserviert, die Zahl der Grenzbetriebe vergrößert und ihr Leben verlängert[14]. Obwohl MITI dies wisse, habe es sich das Recht verschafft, die Bildung von Kartellen anordnen zu können, um so wieder stärkeren Einfluß auf das Wirtschaftsgeschehen zu erlangen.

4.4.3 Staatliche Kreditgarantien

Die einzige finanzielle Maßnahme im Rahmen der Strukturanpassungspolitik gegenüber Großbetrieben in strukturschwachen Industrien bildete die staatliche Gewährung von Kreditgarantien. Träger dieser Maßnahme war der Fonds für Kreditgarantien. Auf Antrag garantierte er Kredite, die an Unternehmen der 14 strukturschwachen Industrien vergeben wurden.

Garantierte Kredite konnten von Unternehmen in Anspruch genommen werden, die Produktionskapazitäten abbauen. Die staatlich garantierten Kredite dienten dabei häufig der Ablösung alter Kredite. Diese konnte zum einen deshalb notwendig sein, weil mit der Stillegung (oder dem Verkauf) von Anlagen diese als Sicherheit für Kredite entfielen und durch staatliche Garantien ersetzt werden mußten. Zum anderen konnte die Ablösung durch staatlich garantierte Kredite deshalb erforderlich sein, weil andernfalls die in wirtschaftliche Schwierigkeiten geratenen Unternehmen ihre Kredite nicht zurückgezahlt und Konkurs gemacht hätten. Die staatlichen Kreditgarantien dienten in diesem Fall der Erhaltung von konkursgefährdeten Unternehmen. Neben der Erleichterung des Kapazitätsabbaus wurden staatlich garantierte Kredite zur Finanzierung von betrieblichen Vorruhestandszahlungen vergeben.

Für die Gewährung staatlicher Kreditgarantien wurden durch das Krisenbanchen-Stabilisierungsgesetz über 100 Mrd. Yen bereitgestellt. Hiervon wurden zwischen 1979 und 1983 23,2 Mrd. Yen in Anspruch genommen. 65 % der Kreditgarantien wurden 1979, der Rest 1980 gewährt. Nur 17 Unternehmen aus fünf strukturschwachen Industriezweigen beanspruchten staatliche Kreditgarantien (vgl. Tabelle 4). 64 % der garantierten Kredite dienten der Finanzierung von betrieblichen Vorruhestandszahlungen. Die Kredite hatten eine Laufzeit von fünf Jahren. Ende 1984 waren 20 % der Kredite noch nicht zurückgezahlt.

---

[13] Vgl. hierzu auch Abschnitt 4.5.3.

[14] MITI begegnet dieser Kritik mit dem Argument, daß den Wettbewerbsbeschränkungen heute eine Intensivierung des Wettbewerbs in Zukunft dadurch gegenüberstünde, daß Grenzbetriebe durch die (temporäre) Kartellbildung erhalten würden.

Tab. 4: Gewährung staatlicher Kreditgarantien 1978-1983

Wirtschaftszweig	Anzahl	Mrd.Yen
Schiffbau	10	14,2
Synthesefaserindustrie	1	3,0
Herstellung von Ammoniak	1	2,7
Wellpappeindustrie	3	2,1
Kammgarnspinnerei	2	1,2
Insgesamt	17	23,2

Quelle: Japan Development Bank.

Die geringe Inanspruchnahme staatlicher Kreditgarantien deutet auf die Wertschätzung hin, die dieses Instrument von seiten der Industrie erfahren hat. Angesichts ihres relativ niedrigen finanziellen Volumens dürften staatliche Kreditgarantien nur wenig zur Strukturanpassung beigetragen haben[15].

4.5 Ergebnisse der Anpassungspolitik

4.5.1 Anpassung der Produktionsanlagen

Zwischen 1978 und 1982 wurden die Produktionsanlagen in den 14 strukturschwachen Industriezweigen beträchtlich reduziert. In den einzelnen Branchen wurden zwischen 4 % (Baumwollspinnerei) und 55 % (Aluminiumindustrie) der Produktionskapazitäten abgebaut. Die Zielvorgaben der Stabilisierungspläne wurden weitgehend realisiert. Abweichungen stellten sich lediglich in der Baumwollspinnerei (Realisierungsgrad von 77,9%) und in der Aluminiumindustrie (169,8%) sowie bei der Herstellung von Polyacrylnitrilfasern (130,5 %) ein (vgl. Tabelle 3)[16]. Statistiken über das Ausmaß der Kapazitätsreduzierung einzelner Unternehmen liegen nicht vor[17]. Auch

[15] Vgl. Sueo Sekiguchi, Toshihiro Horiuchi, Trade and Adjustment Assistance Policies, Tokyo 1984 (unveröffentlichtes Manuskript).

[16] Die in Tabelle 3 zusammengestellten Zahlen über den Kapazitätsabbau geben nur das Ausmaß der Stillegung bestehender Anlagen wieder. Kapazitätserweiterungen als Folge der Erneuerung von Anlagen werden dagegen nicht erfaßt. Dadurch ergeben sich Abweichungen der tatsächlichen von den statistisch ausgewiesenen Kapazitäten, wie das Beispiel der Elektrostahlindustrie zeigt.

[17] Eine diesbezügliche Befragung der beteiligten Unternehmen konnte im Rahmen dieser Untersuchung nicht durchgeführt werden. Dadurch war es auch nicht möglich, das

wurden bisher keinerlei Analysen durchgeführt, welche die Stillegung von Anlagen unter Effizienzgesichtspunkten bewerten würden. Die Behauptung, die staatliche Strukturanpassungspolitik hätte zur Erhaltung ineffizienter Produktionsanlagen geführt[18], läßt sich mit dem vorhandenen Material weder belegen noch widerlegen.

Die weitgehende Realisierung der Zielvorgaben ist auf mehrere Faktoren zurückzuführen. Besonders positiv dürfte sich die Mitwirkung der betroffenen Unternehmen und Arbeitnehmer bei der Aufstellung der Pläne zur Kapazitätsreduzierung ausgewirkt haben. Kein Unternehmen wurde gezwungen, seine Kapazitäten zu reduzieren, auch wenn der Gruppendruck nicht unterschätzt werden sollte. Widerstände gegen bestimmte Vorgaben wurden bei der Aufstellung der Stabilisierungspläne weitgehend berücksichtigt. Aufgrund dieser „demokratischen" Festlegung der Zielvorgaben war die Bereitschaft der Unternehmen, sich zielkonform zu verhalten, relativ groß[19]. Hinzu kommt, daß die einzelnen Industrieverbände die Durchführung des Kapazitätsabbaus überwachten[20]. Auch sahen die staatlich angeordneten Kartelle die Verhängung von Geldstrafen bei Nichteinhaltung der Absprachen vor[21]. Die Ankündigung von Geldstrafen dürfte aber das unternehmerische Verhalten weitaus weniger bestimmt haben als der Gesichtsverlust, der bei Nichteinhaltung der Absprachen drohte. Pekuniäre Anreize. die in Form der zinssenkenden staatlichen Kreditgarantien gewährt wurden, dürften das Anpassungsverhalten ebenfalls kaum bestimmt haben. Ohne die Bedeutung der konsensbildenden staatlichen Strukturanpassungspolitik schmälern zu wollen, muß die Kapazitätsanpassung doch in erheblichem Maße als unternehmerische Reaktion auf veränderte Nachfrage- und Wettbewerbsbedingungen verstanden werden.

Die weitgehende Realisierung der Zielvorgaben sagt noch nichts darüber aus, ob eine marktgerechte Anpassung der Produktionskapazitäten erreicht worden ist. Es ist nämlich zu fragen, ob die Stabilisierungspläne die Marktentwicklung richtig vorhergesehen haben und die Abbauziele entsprechend fixiert wurden. Inwieweit die Kapazitätsentwicklung in den einzelnen Industriezweigen marktgerecht war, zeigt die Kapazitätsauslastung an. In elf der 14 strukturschwachen Wirtschaftszweige erhöhte sich die Kapazitätsausla-

---

Verhalten der Unternehmen, die Teil einer großen Unternehmensgruppe sind, mit dem der übrigen Unternehmen zu vergleichen.

18 So z. B. Edward J. Lincoln, a.a.O., S. 29.

19 Es gab allerdings auch Konflikte bei der Aufstellung und Realisierung der Kapazitätsabbaupläne, die jedoch nur selten wie im Fall der Sasebo-Werft in der Öffentlichkeit ausgetragen wurden.

20 Zur Kontrolle der Kapazitätsreduzierung in der Synthesefaserindustrie vgl. Toshihiro Horiuchi, a.a.O.

21 Soweit bekannt, wurden während der Laufzeit des Krisenbranchen-Stabilisierungsgesetzes keine Geldstrafen verhängt.

stung zwischen 1977 und 1982, nur in der Aluminiumindustrie sowie bei der Herstellung von Harnstoff und Ammoniak nahm der Auslastungsgrad ab. Innerhalb der 14 Industriezweige erreichten aber nur sechs eine Kapazitätsauslastung von über 80% im Jahre 1982, die übrigen Branchen blieben (teilweise beachtlich) darunter (vgl. Tabelle 5).

Die Anfang der achtziger Jahre erreichte Kapazitätsauslastung in den strukturschwachen Industriezweigen muß insgesamt als zu niedrig bezeichnet werden, insbesondere wenn berücksichtigt wird, daß mit Ausnahme der Aluminiumindustrie und der Eisensiliziumindustrie der Anteil der Importe an der Inlandsnachfrage in diesen Branchen auch 1982 noch gering war (vgl. Tabelle 5). Von daher gesehen wäre es in den meisten Branchen erforderlich gewesen, die Produktionskapazitäten in einem größeren Ausmaß abzubauen, als dies im Jahre 1978 angestrebt worden war. Aus der damaligen Fehleinschätzung der Marktentwicklung in einer Reihe von Branchen auf eine grundsätzlich unzureichende Prognosefähigkeit des Staates zu schließen und mit diesem Argument eine staatliche Strukturanpassungspolitik zugunsten einer ausschließlich Marktkräften folgenden Strukturanpassung abzulehnen, ist jedoch nicht zulässig. Zum einen wurden die sektoralen Marktprognosen nicht nur von Beamten des MITI, sondern unter Einschluß der Unternehmen in den Unterausschüssen des „Industrial Structure Council" erstellt. Zum anderen wurden die gesamtwirtschaftlichen Rahmenbedingungen durch die kaum vorhersehbare zweite Ölpreiskrise im Jahre 1979 einschneidend verändert.

4.5.2 Beschäftigungsanpassung

Der Anpassungsprozeß in den strukturschwachen Industriezweigen war mit einem Rückgang der Beschäftigung verbunden[22]. Faßt man alle 14 Industriezweige zusammen, so verminderte sich die Beschäftigung von 354 000 im Jahre 1977 auf 268 000 im Jahre 1981[23]. Die vorliegenden Zahlen deuten darauf hin, daß die Beschäftigungsabnahme schon 1975 einsetzte und sich nach 1981 fortsetzte. Den stärksten Abbau der Beschäftigung verzeichnete der Schiffbau. 50 000 Arbeitsplätze fielen hier zwischen 1977 und 1981 weg, nachdem von 1975 bis 1977 schon 36 000 Arbeitsplätze abgebaut worden waren. In der Baumwoll- und Kammgarnspinnerei verminderte sich die

[22] Die von verschiedenen Institutionen erhobenen Beschäftigungszahlen sind nicht immer konsistent und verläßlich und müssen zurückhaltend interpretiert werden. Vgl. Horuo Shimada, Employment Adjustment and Employment Policies. Japanese Experience, Washington 1984 (unveröffentlichtes Manuskript), S. 7.

[23] Bei der Berechnung der Beschäftigtenzahl 1977 wurde bei der Wellpappeindustrie die Zahl von 1979 angesetzt (vgl. Tabelle 1).

Tab. 5: Kapazitätsauslastung und Importanteil in den strukturschwachen Industriezweigen

Industriezweig	Kapazitätsauslastung in %		Importe/Inlandsnachfrage in %	
	1977	1982	1977	1982
Schiffbau	76,0	74,0	0,0	0,0
Aluminiumindustrie	73,0	39,7	33,5	80,7
Elektrostahlindustrie	62,7	77,5	0,0	0,0
Herstellung von Nylonfäden	78,7	83,0	4,1	7,2 a)
Herstellung von Acrylfasern	80,2	92,9 a)	6,0	14,6 a)
Herstellung von Polyesterfäden	76,9	86,2 a)	8,4	19,4 a)
Herstellung von Polyesterfasern	76,6	95,1	11,7	12,7 a)
Herstellung von Harnstoff	50,1	47,2	0,1	3,4
Herstellung von Ammoniak	61,7	57,9	0,0	0,0
Flüssigphosphorindustrie	58,0	65,2	9,8	6,6
Baumwollspinnerei	70,1	88,0 a)	14,1	23,4 a)
Kammgarnspinnerei	64,3	83,0 a)	8,3	11,8 a)
Wellpapierindustrie	62,9	68,8 a)	1,5	5,9 a)
Eisensiliziumindustrie	55,4	63,6 a)	30,5	47,8 a)
a) 1981				

Quelle: MITI, "Fair Trade Commission".

Beschäftigungszahl um 18 600. In den übrigen Industriezweigen war der Umfang des Beschäftigungsrückgangs geringer (vgl. Tabelle 1).

Der Abbau der Arbeitskräfte ist nicht die primäre Antwort der Großunternehmen auf strukturelle Beschäftigungsprobleme. Bevor die Beschäftigtenzahl reduziert wird, wird die Arbeitszeit verkürzt. Hierbei steht der Abbau der Überstunden im Vordergrund. Aber auch die allgemeine Arbeitszeitverkürzung und die Einführung von Kurzarbeit werden zur Anpassung des Arbeitsvolumens genutzt[24].

Erst wenn die Spielräume der Arbeitszeitvariierung ausgeschöpft sind, greifen die japanischen Arbeitgeber zu Maßnahmen, die an der Zahl der Mitarbeiter ansetzen[25]. Zuerst wird versucht, die Zahl der Arbeitskräfte durch einen generellen Einstellungsstop und durch die Nichtbesetzung der freiwerdenden Arbeitsplätze zu reduzieren. Erst danach richten sich die Maßnahmen auf einen Abbau des eigenen Personals.

Im letzteren Fall unterscheiden sich die Maßnahmen, je nachdem, ob die Kern- oder die Randbelegschaften vermindert werden sollen. Zu den Kernbelegschaften zählen diejenigen Arbeitnehmer in Großunternehmen, die in einem Dauerbeschäftigungsverhältnis stehen. Hierbei handelt es sich um primär männliche, nach Hochschulabschluß oder Berufsausbildung für eine „lebenslange" Tätigkeit eingestellte Arbeitnehmer. Die Randbelegschaften setzen sich demgegenüber aus Teilzeitbeschäftigten, Arbeitnehmern mit Zeitvertrag, Leiharbeitnehmern, Subkontraktarbeitnehmern usw. zusammen[26]. Der Anteil der Frauen an den Randbelegschaften ist relativ hoch.

Randbelegschaften können von Großunternehmen ohne Schwierigkeiten abgebaut werden, indem die Beschäftigten entlassen oder aufgefordert werden, freiwillig aus dem Unternehmen auszuscheiden. Wie eine größere Untersuchung des MITI zeigt, erfolgte der Abbau des vorhandenen Personals in den strukturschwachen Industriezweigen während der zweiten Hälfte der siebziger Jahre primär über die Verkleinerung der Randbelegschaften[27]. Wegen ihres hohen Anteils an dieser Beschäftigtengruppe waren hiervon Frauen besonders betroffen.

Die Kernbelegschaften wurden demgegenüber in geringerem Maße abgebaut. Auch wurden Entlassungen und Aufforderungen zum freiwilligen Aus-

---

[24] Die Reduzierung der Arbeitszeit als Reaktion der Arbeitgeber auf den scharfen Nachfrageeinbruch in den ersten Jahren nach der Ölpreiserhöhung 1973/74 wird belegt durch E. Shinozuka, E. Ishiwara, Oirushokku iko no koyo chosei (Employment Adjustment after the Oilschock), Discussionpaper No. 17, Japan Economic Research Center, Tokyo 1976.

[25] Eine Zusammenstellung verschiedener empirischer Untersuchungen über die Beschäftigungsanpassung nach der ersten Ölpreiskrise findet sich in: Kazutoshi Koshito, Job Security: Redundancy Arrangements and Practices in Japan, Januar 1985 (unveröffentlichtes Manuskript).

[26] Leiharbeitnehmer sind Arbeitskräfte, die von privaten, auf Arbeitnehmerverleih spezialisierten Firmen angeboten werden. Arbeitgeber der Subkontraktarbeitnehmer sind de jure kleine und mittlere Zulieferbetriebe oder angegliederte Firmen eines Großunternehmens. De facto arbeiten sie oft lange Zeit hinweg in den Produktionsstätten des Großkunden. Vgl. Angelika Ernst, Beschäftigungsprobleme und Beschäftigungspolitik in Japan, a.a.O., S. 86.

[27] Vgl. MITI, Industrial Policy Department, Nihondeki Koyokankko no Yukue (The Future of the Japanese Employment Behaviour), Tokyo 1981.

scheiden kaum ausgesprochen, da solche Maßnahmen gegenüber den Kernbelegschaften zu schweren innerbetrieblichen Konflikten mit den Gewerkschaften und scharfer gesellschaftlicher Kritik von außen geführt hätten. Um die Kernbelegschaften abzubauen, griffen die Großunternehmen deshalb zu anderen Maßnahmen. Am häufigsten waren Umsetzungen innerhalb des Unternehmens oder der Unternehmensgruppe[28]. War diese Möglichkeit ausgeschöpft, erfolgten Versetzungen in angegliederte oder befreundete Unternehmen. Diese Versetzungen waren in der Regel zunächst befristet, wurden nicht selten später aber endgültig vollzogen mit der Folge. daß die so ausgelagerten Arbeitskräfte Einbußen beim Einkommen, beim Beschäftigungsstatus, in der Seniorität oder bei den Arbeitsbedingungen hinnehmen mußten. Schließlich boten die Arbeitgeber älteren Arbeitnehmern erhöhte Abfindungen mit der Zielrichtung eines vorzeitigen Ausscheidens an[29].

4.5.3 Positive Strukturanpassung oder versteckter Protektionismus?

Der japanischen Politik gegenüber strukturschwachen Industriezweigen wird teilweise — insbesondere von amerikanischer Seite — der Vorwurf gemacht, keine positive Strukturanpassung, sondern eine Erhaltung dieser Branchen anzustreben. Zwar wird anerkannt, daß es zu einem Abbau von Produktionskapazitäten gekommen sei. Gleichzeitig wird darauf hingewiesen, daß nur in zwei der 14 Wirtschaftszweige die Importe nennenswert zur Inlandsversorgung beitragen würden. In vier Industriezweigen hätte der Importanteil überhaupt nicht, in den übrigen zehn Branchen nur wenig zugenommen (vgl. Tabelle 5)[30]. Dabei würden die ausländischen Unternehmen in der Regel billiger anbieten als ihre japanischen Konkurrenten. So hätte z. B. der Importpreis von Harnstoff im Jahre 1982 43 447 Yen pro Tonne betragen. Heimische Anbieter hätten dagegen 56 047 Yen verlangt. Für importiertes Aluminium hätten 327 020 Yen, für das im Inland hergestellte Aluminium 496 490 Yen gezahlt werden müssen[31].

[28] Diese Umsetzungen waren teilweise mit Veränderungen des Arbeitsbereichs (aus der Produktion in den Absatz) und mit einem Standortwechsel verbunden und stießen nicht selten auf Widerstand bei den betroffenen Arbeitnehmern. Vgl. MITI, Industrial Policy Department, Nihondeki . . ., S. 130 f.

[29] Vgl. Angelika Ernst, Beschäftigungsprobleme und Beschäftigungspolitik in Japan, a.a.O.; Angelika Ernst, Japans unvollkommene Vollbeschäftigung, a.a.O., Takeshi Inagami, Employment Adjustment in Japan, in: Japan Labour Bulletin, Vol. 23, No. 7, July 1984, S. 5 ff.; Haruo Shimada, The Japanese Employment System, Japanese Industrial Relations Series, No. 6, 1980, Tokyo 1980, S. 22 ff. Angaben zur Beschäftigungsanpassung in ausgewählten Sektoren finden sich in Kapitel 5.

[30] So auch Frank K. Upham, a.a.O.

[31] Vgl. U.S. — Japan Trade Study Group (TSG), Progress Report: 1984, September 1984, S. 65.

Für die Beschränkung der Importe wird einerseits die Regierung verantwortlich gemacht. Durch Zölle würden z. B. die Importe von Aluminium und Wellpappe verteuert. Wichtiger aber seien die informellen Absprachen zwischen MITI und der Industrie mit dem Ziel, das Importverhalten von Handelshäusern und Industrieunternehmen zu beeinflussen. Zwar ließe sich von der Natur der Sache her diese „administrative guidance" nicht nachweisen, gleichwohl sei sie gegeben. Andererseits würden aber auch die Unternehmen der strukturschwachen Industriezweige von sich aus versuchen, die Produkte ihrer ausländischen Konkurrenten vom japanischen Markt fernzuhalten. In den Unterausschüssen des „Industrial Structure Council" und bei der Vereinbarung von Kapazitätsreduzierungskartellen würde auch über mögliche Importbeschränkungen gesprochen. Auch sei es in Japan üblich, daß Unternehmen ihren Kunden mit Nichtbelieferung drohen, falls diese konkurrierende Produkte importieren würden.

Von offizieller japanischer Seite wird bestritten, daß das Instrument der „administrative guidance" mit dem Ziel der Beschränkung der Importe eingesetzt wird. Die japanische Regierung trete für Freihandel ein. Demgegenüber wird zugegeben, daß durch restriktive Geschäftspraktiken (informelle Absprachen, Druck auf Abnehmer usw.) die Höhe der Importe reduziert worden sein könnte. Allerdings sei zu berücksichtigen, daß japanische Unternehmen stabile, langfristig angelegte Geschäftsbeziehungen schätzten und deshalb lange an ihren traditionellen Lieferbeziehungen festhielten, bevor sie ausländische Bezugsquellen erschlössen. Auch würden die Japaner der Versorgungssicherheit bei Grundstoffen große Priorität beimessen. Diese aber sei größer bei einem Bezug von heimischen Anbietern. Schließlich sei zu berücksichtigen, daß ausländische Anbieter sich häufig nur kurzfristig auf dem japanischen Markt engagierten und unzureichende Marketinganstrengungen unternähmen[32].

4.6 Das Verhältnis von FuE-Politik und Strukturanpassungspolitik

4.6.1 Zielsetzung der japanischen FuE-Politik

Es ist ein bestimmendes Charakteristikum der japanischen FuE-Politik, daß alle Anstrengungen auf die direkte Förderung von technologieintensiven Industriezweigen gerichtet sind, die zukunftsorientiert sind. So hat beispielsweise die Prognos AG festgestellt: „Während industriepolitische Maßnahmen in den europäischen Staaten teilweise nichts anderes als Erhaltungssubventionen sind, die durch legitimatorischen Druck (Erhaltung der Arbeitsplätze, Förderung der heimische Industrie) erzeugt werden, kommen

[32] Vgl. U.S. — Japan Trade Study Group (TSG), a.a.O.

in Japan Forschungs- und Entwicklungssubventionen in größerem Umfang zukunftsträchtigen Industrien zugute"[33]. Diese ganz bewußte Konzentrierung der FuE-Politik ist nicht zuletzt darauf zurückzuführen, daß die finanziellen Mittel, die der japanische Staat für Forschungszwecke insgesamt einzusetzen bereit ist, vergleichsweise gering sind.

Als Beispiele für technologieintensive Industrien der Zukunft werden vom MITI genannt:

— Informationsindustrie: Vervollkommnung von Allzweck-Computern und Entwicklung von kommunikationsrelevanten Technologien einschließlich optischer Kommunikationssysteme.

— Luftfahrtindustrie: Förderung von YX, YXX und YIB-Programmen; Entwicklung eines nationalen Düsentriebwerkprojektes.

— Raumfahrtindustrie: Betrieb von Satelliten zur Beobachtung nationaler Ressourcen (Erhöhung des Anteils einheimischer Bestandteile).

Basistechnologien, von denen weitreichende Welleneffekte bis zum Ende des Jahrtausends zu erwarten sind, werden auf drei Gebieten gesehen:

— Entwicklung neuer Materialien als Voraussetzung für die Realisierung des größten Teils der neuen Technologien (Feinkeramik, Makromoleküle mit spezifischen Funktionen, neue Metalle).

— Biotechnologie: Nutzung von Mikroorganismen in der Industrie als Beitrag zu Energieeinsparungen in chemischen Prozessen; Umwandlung von Rohstoffen; reinere Umwelt; Möglichkeiten der Produktion neuer Heilmittel. Grundlage sind Technologien für genetische Veränderungen, Zellkulturen und Bioreaktoren.

— Neue technische Funktionslösungen: Sie sind Grundlage für die elektronische Technologie, etwa die Entwicklung von dreidimensionalen integrierten Schaltkreisen, Festkörper-Übergittern, umweltresistenten Elementen.

Basierend auf diesen Zielvorstellungen und Visionen sind in den vergangenen Jahren sowohl bei der „Science and Technology Agency" als auch beim MITI eine Reihe von konkreten „nationalen" Forschungsförderungsprogrammen ins Leben gerufen worden, z. B. zur friedlichen Nutzung der Kernenergie, zur Erschließung neuer Energiequellen („Sunshine Programme"), zur Energieeinsparung („Moonlight Programme"), zur Vorausschau und Katastrophenverhinderung bei Erdbeben im Raum Tokyo oder zur Untersuchung von Produktionskapazitäten biologischer Ressourcen im Ozean. Im Jahre 1981 sind zwei neue Langfristprogramme zur Förderung der

[33] Vgl. hierzu: Prognos AG, Das Forschungs- und Technologiesystem in Japan, Teil IV: Politischer und gewerkschaftlicher Rahmen für die japanische Forschungspolitik, Basel 1983, S. 126.

Entwicklung „kreativer" Technologien aufgelegt worden, das „System for Exploratory Research for Advanced Technology" und das „Research & Development Project of Basic Technology for Future Industries".

Im Sommer 1983 hat die „Science and Technology Agency" einen detaillierten Plan für ein neues Weltraumprogramm vorgelegt. Dieses Programm ersetzte das 1977 formulierte Langfristprogramm und schuf einen Rahmen für Raketen- und Satellitenentwicklungen bis zum Jahre 1990.

4.6.2 FuE-Politik und strukturschwache Industriezweige

Es versteht sich von selbst, daß bei dieser auf die Zukunftsindustrien gerichteten FuE-Strategie der japanischen Regierung die traditionellen, im Schrumpfen begriffenen Industriezweige bisher keine Berücksichtigung fanden. Die vom Krisenbranchen-Stabilisierungsgesetz von 1978 betroffenen 14 Industriezweige erhielten zumindest nach 1970 praktisch keine finanziellen Mittel für Forschungs- und Entwicklungsaufgaben. Erst im Branchenstruktur-Verbesserungsgesetz von 1983 wurde auf die Bedeutung von FuE als Mittel zur Revitalisierung der Branchen hingewiesen[34].

Auch unabhängig vom Fehlen staatlicher Initiativen sind die FuE-Aktivitäten der traditionellen Industriezweige in Japan unbedeutend und seit langer Zeit im Abnehmen begriffen. So hat auch das Battelle-Institut festgestellt, daß „,reife' Wirtschaftsbereiche (Stahl, Textil usw.) eine abnehmende oder bereits relativ geringe Forschungsintensität" zeigen, während Wirtschaftsbereiche, „in denen zur Zeit neue technologische Entwicklungen stattfinden, eine besonders hohe Forschungsintensität" aufweisen. Dies seien „vor allem die von der Einführung der Mikroelektronik betroffenen Branchen (zum Vergleich: im Bereich ,Kommunikation und Elektronik' beträgt die Forschungsintensität 656 ,Forscher' pro 10 000 Beschäftigte, im Bereich ,Eisen und Stahl' 128). Die von der Industrie bewußt mitgesteuerte Konzentration der FuE-Tätigkeit auf bestimmte Branchen soll dazu dienen, die hier liegenden Innovationsmöglichkeiten besonders gut zu nutzen."[35]

Diese generellen Feststellungen schließen nicht aus, daß einzelne traditionelle Industriezweige auch FuE-Aktivitäten mit dem Ziel unternommen haben, kostensenkende Produktionsverfahren zu entwickeln und/oder einen Einstieg in neue Produktionsbereiche (neue Produkte) zu finden. Dies gilt beispielsweise für den Schiffbau, der seine nach wie vor starke Wettbewerbs-

---

[34] Vgl. Abschnitt 8.2.

[35] Vgl. Battelle-Institut e.V., Frankfurt, Innovationsprozesse und Innovationspolitik in Japan — Untersuchung zur Wirksamkeit eines alternativen Förderkonzepts und seiner Bedeutung für die wirtschaftliche Leistungsfähigkeit, Forschungsprojekt im Auftrag des BMWI, Studien-Reihe 40, Bonn 1983, S. 73.

position im Kreis der Schiffbaunationen nicht zuletzt richtungsweisenden technischen Fortschritten beispielsweise auf dem Gebiet des Einbaus von Automatisierungseinrichtungen sowie der Roboterisierung verdankt. Auch die Aluminiumindustrie hat Anstrengungen unternommen, das Elektrolyseverfahren weiterzuentwickeln. Sie konnte dafür staatliche Subventionen in Anspruch nehmen. Die japanische Stahlindustrie hat auf dem Gebiet technologischer Innovationen zur Rationalisierung des Produktionsprozesses und zur Entwicklung neuer Produkte eine bedeutende Rolle gespielt. Dies spiegelt sich einmal in einem beträchtlichen Überschuß in der Patent- und Lizenzbilanz der großen japanischen Stahlhersteller und zum anderen darin wider, daß die japanische Stahlindustrie heute über die modernsten und technisch fortschrittlichsten Anlagen verfügt.

5. Die Anpassungspolitik gegenüber ausgewählten Krisenbranchen

5.1 Schiffbau

5.1.1 Die Entwicklung bis zum Ölpreisschock 1973/74

Der Schiffbau hat im Rahmen der japanischen Industriepolitik seit dem Ende des 2. Weltkriegs stets eine besondere Rolle gespielt. Bereits Anfang der fünfziger Jahre hatte die Regierung diesem Industriezweig im „Shipbuilding Law“ (1950) und im „Temporary Law for Coordination of Shipbuilding“ (1953) den Status einer „strategischen Branche“ zuerkannt. Ausschlaggebend dafür war zum einen, daß sein Stellenwert für die nationale Sicherheit des stark vom Außenhandel abhängigen Inselstaates sehr hoch eingeschätzt wurde, zum anderen aber auch, daß dort viele — damals reichlich zur Verfügung stehende — Arbeitskräfte beschäftigt wurden und in erheblichem Maße Stahl und andere im Lande preisgünstig produzierte Materialien Verwendung finden konnten. In den fünfziger Jahren erhielt der Schiffbau zum Ausbau von Kapazitäten in erheblichem Umfang staatliche Hilfen in Form von Steuererleichterungen (Abschreibungen, steuerfreie Rücklagen) sowie Krediten der „Japan Development Bank“ und der „Export-Import Bank“ zu Vorzugsbedingungen. Der Inlandsabsatz wurde durch öffentliche Zuschüsse und Darlehen gefördert. Auch wurden Kredite an ausländische Arbeitnehmer großzügig subventioniert[1].

Als der Schiffbauboom im Gefolge der Suezkrise von 1956 Anfang der sechziger Jahre zusammenbrach, gerieten mit einiger Verzögerung auch die japanischen Hersteller in die Krise. Die Regierung reagierte darauf mit gezielten Maßnahmen, die insbesondere im „Law for Temporary Measures for Reconstruction and Integration of the Shipping Industry“ geregelt waren. Obwohl die auf die Suezkrise zurückzuführenden Strukturprobleme am

---

[1] Vgl. hierzu z. B. Merit E. Janow, Thomas Pepper, Industry Adjustment in Japan, Paper prepared for the Institute for International Economics, Hudson Institute, Inc., Indianapolis, November 1984, HI-3715 D, S. 11 ff. — Ira C. Magaziner, Thomas M. Hout, a.a.O., S. 67 ff. — Yoshi Yonezawa, Adjustment in Japanese Shipbuilding Industry and Government Shipbuilding Policy, The JERC Discussion Paper No. 37, The Japan Economic Research Center, Tokyo 1980. — Mototada Kikkawa, Shipbuilding, Motor Cars and Semiconductors: The Diminishing Role of Industrial Policy in Japan, in: G. Shepherd, F. Duchène, Ch. Saunders (Eds.), Europe‘s Industries, London 1983, S. 236 ff.

Ende der festgelegten 5-jährigen Umstrukturierungsperiode weitgehend gelöst waren, wurden mehrere staatliche Hilfsprogramme beibehalten oder sogar neu eingeführt. Ab 1965 errichteten alle großen Schiffbauunternehmen neue Großdocks für den Bau von Supertankern. Zu Beginn der siebziger Jahre wurden insbesondere Investitionen der mittleren Werftindustrie und noch gegen Mitte der siebziger Jahre solche der kleinen Werften massiv gefördert. Die Gesamtkapazität des japanischen Schiffbaus erhöhte sich von 6,28 Mill. CBRT im Jahre 1970 über 9,36 Mill. CBRT 1973 auf 9,82 Mill. CBRT im Jahre 1975[2]. Zweifellos haben diese Fördermaßnahmen — neben den vergleichsweise niedrigeren Arbeitskosten und den günstigen Stahlpreisen — dazu beigetragen, daß sich Japan bis Anfang der siebziger Jahre mit

Tab. 6: Entwicklung der Schiffbauproduktion (Fertigstellungen) in Japan, 1960 - 1983

Kalenderjahr	Zahl der Schiffe a)	in 1000 BRT	Anteil an der Weltproduktion in %
1960	649	1 732	20,7
1970	1 037	10 100	48,1
1971	992	11 132	45,7
1972	885	12 857	48,1
1973	1 080	14 751	48,5
1974	1 045	16 894	50,4
1975	930	16 991	49,7
1976	912	15 868	46,8
1977	1 107	11 708	42,5
1978	1 046	6 307	34,7
1979	993	4 697	32,9
1980	943	6 094	46,5
1981	839	8 400	49,6
1982	800	8 163	48,5
1983	755	6 670	41,9

a) Motor- und Dampfschiffe mit 100 und mehr BRT.

Quelle: Nihon-Zosen Kogyo-Kai: Zosen-Kaikei Shiryo, Tokyo, Sept. 1984, Tab. 3. (Nach Lloyd's Register of Shipping, Annual Summary of Merchant Ships Completed in the World).

[2] Vgl. Fair Trade Commission, Economic Study Group, a.a.O.

fast 50% Weltmarktanteil (vgl. Tabelle 6) zum größten Produzenten von Schiffen entwickeln konnte. Erst zu diesem Zeitpunkt wurden die staatlichen Unterstützungsmaßnahmen weitgehend eingestellt.

5.1.2 Umfang und Folgen der Schiffbaukrise in den siebziger Jahren

Als im Gefolge des Ölpreisschocks von 1973/74 der Welttankermarkt zusammenbrach, sahen sich die Werften in aller Welt mit gravierenden Überkapazitäten, nämlich völlig unzureichend ausgelasteten Anlagen und einem Heer unterbeschäftigter Arbeitskräfte konfrontiert. Die traditionellen Schiffbaunationen, insbesondere in Westeuropa, übten in dieser Situation auf die japanischen Werften erheblichen politischen Druck aus, die Produktion einzuschränken. Erschwerend kam für den japanischen Schiffbau hinzu, daß sich der Wettbewerb von seiten der Schwellenländer (mit Südkorea, Taiwan und Brasilien an der Spitze) in der ersten Hälfte der siebziger Jahre drastisch verschärfte. Die kräftige Aufwertung des Yen in den Jahren 1977/78 hat die Lage für die stark exportorientierten japanischen Werften weiter beeinträchtigt.

Die weltweite Rezession der siebziger Jahre schlug sich in einem scharfen Rückgang des Auftragseingangs der japanischen Werften (für Schiffe mit einer Kapazität von mehr als 2 500 BRT entsprechend der Genehmigungsstatistik des „Ministry of Transport") von 33,79 Mill. BRT im Jahre 1973, dem Höhepunkt der Schiffbaukonjunktur in Japan, auf 9,35 Mill. BRT 1974 und nur mehr 3,22 Mill. BRT im Jahre 1978 nieder. Die Auftragsbestände gingen von 56,10 Mill BRT im Jahre 1973 auf 46,22 Mill. BRT 1974 und nur mehr 4,80 Mill. BRT im Jahre 1978 — d. s. gerade noch 8,5% des Bestands von 1973 — zurück (vgl. Tabelle 7). Nach einer Untersuchung der „Shipbuilders' Association of Japan" war die Kapazitätsauslastung von 23 Mitgliedswerften bis 1980 auf knapp ein Fünftel des Stands von 1974 zurückgefallen[3]. Nach Angaben der japanischen Kartellbehörde hatte sich die Kapazitätsauslastung der Werften von 76% im Jahre 1977 auf 51% 1978 und nur mehr 39% im Jahre 1979 verringert[4]. Der Anteil der japanischen Werften an der Weltproduktion sackte nis 1978/79 auf ein Drittel ab.

Der dramatische Rückgang der Schiffbauaufträge führte zu einer erheblichen Verschlechterung der Ertragslage der Werften. Von den 61 Unternehmen mit einer Dock- bzw. Liegeplatzkapazität von jeweils mehr als 5000 BRT befanden sich 1977 25 und 1978 bzw. 1979 sogar mehr als 40 — also gut zwei

[3] Vgl. Japan Confederation of Shipbuilding and Engineering Workers' Unions (Zosen Juki Roren), Labour Union's Adaption to the Structural Change in the Shipbuilding Industry, Tokyo 1980, S. 24.

[4] Fair Trade Commission, Economic Study Group, a.a.O.

Tab. 7: Auftragslage und Produktion des japanischen Schiffbaus seit Beginn der siebziger Jahre

Fiskaljahr (1.4.-31.3.)	Zahl der Schiffe a)				1000 BRT			
	Auftrags-eingänge	im Bau	Fertigstellungen b)	Auftrags-bestände	Auftrags-eingänge	im Bau	Fertigstellungen b)	Auftrags-bestände
1970	564	420	406	669	16 637	10 705	9 737	26 873
1973	718	439	405	938	33 790	17 157	13 903	56 104
1974	425	539	481	834	9 348	22 000	17 360	46 221
1975	565	513	528	770	8 503	13 350	17 066	28 508
1976	666	624	579	734	8 422	10 132	14 406	13 461
1977	364	528	620	432	4 945	7 147	9 697	7 066
1978	251	264	376	268	3 218	3 674	4 943	4 798
1979	391	289	267	360	8 939	5 391	3 933	9 098
1980	407	358	321	434	9 293	7 612	6 571	11 635
1981	391	375	375	440	8 383	8 727	8 491	11 287
1982	267	344	337	358	4 351	6 367	7 042	8 191
1983	633	408	372	599	12 428	8 011	7 175	13 533

a) Nur Schiffe mit mehr als 2500 BRT.
b) Die Abweichungen von den Zahlen in Tabelle 1 sind darauf zurückzuführen, daß in der vorliegenden Tabelle Schiffe mit weniger als 2500 BRT nicht erfaßt sind und es sich um Fiskaljahre (nicht Kalenderjahre) handelt.

Quelle: Nihon-Zosen Kogyo-Kai: Zosen-Kaikei Shiryo, Tokyo, Sept. 1984, Tab. 12.

Drittel — in der Verlustzone. Auch je zwei der sieben größten Schiffbauproduzenten[5] schrieben in diesen Jahren rote Zahlen (vgl. Tabelle 8). Es wird berichtet, daß die Hersteller damals gezwungen waren, zu Preisen abzusetzen, die teilweise nur 50% der Produktionskosten deckten[6].

Tab. 8: Zahl der Schiffbauunternehmen in der Gewinn- bzw. Verlustzone

Fiskaljahr	Alle Unternehmen a)		darunter					
			die 7 größten Unternehmen		33 mittlere Unternehmen		21 kleinere Unternehmen	
	Gewinn	Verlust	Gewinn	Verlust	Gewinn	Verlust	Gewinn	Verlust
1973	52	5	7	-	30	2	15	3
1974	49	9	7	-	28	5	14	4
1975	54	5	7	-	30	3	17	2
1976	52	7	7	-	32	1	13	6
1977	32	25	7	-	17	16	7	9
1978	17	43	5	2	6	27	6	14
1979	18	42	5	2	7	26	6	14
1980	36	24	7	-	18	15	11	9

a) Summe ergibt nicht 61, da einige Unternehmen keine Angaben machten.

Quelle: The Shipbuilders Association of Japan.

In den Jahren 1978 und 1979 ergab sich — wie Tabelle 9 zeigt — auch im Durchschnitt der größten zehn Schiffbauunternehmen Japans ein negatives Betriebsergebnis. Insbesondere bei kleinen und mittleren Unternehmen kam es zu zahlreichen Konkursen. Zahlungsunfähig wurden 1976 neun Unternehmen mit 748 Beschäftigten, 1977 24 Unternehmen mit 5 103 Beschäftigten, 1978 10 Unternehmen mit 1 632 Beschäftigten, 1979 ein Unternehmen mit 36 Beschäftigten und 1980 drei Unternehmen mit 6 236 Beschäftigten. Von den Schwierigkeiten der Werften waren die Hersteller von Ausrüstungen, auf die mehr als ein Drittel der Gesamtkosten entfallen, gleichfalls betroffen. Auch zahlreiche Vertragslieferanten mußten Konkurs anmelden.

[5] Dabei handelt es sich um Mitsubishi Heavy Industries, Nippon Kokan, Ishi Kawajima-Harima Heavy Industries, Kawasaki Heavy Industries, Hitachi Shipbuilding and Engineering, Mitsui Engineering und Shipbuilding sowie Sumitomo Heavy Industries. Alle diese Unternehmen betreiben Schiffbau im Rahmen stark diversifizierter Aktivitäten; im allgemeinen dominiert der Bau von Schwermaschinen und Anlagen.

[6] Vgl. Industrial Review of Japan 1982, The Japan Economic Journal, Tokyo 1982, S. S. 70 f.

Tab. 9: Entwicklung der betriebswirtschaftlichen Ergebnisse von 10 großen Schiffbauunternehmen

Jahr	Betriebsergebnis a) in Yen	Eigenkapitalrendite (%)	Umsatzrendite (%)	Dividende (%)
1970	96 831	53,5	5,5	11,4
1975	113 900	35,5	3,5	10,3
1976	165 284	49,1	4,6	11,4
1977	107 845	31,8	2,8	11,4
1978	- 39 068	-11,3	-1,2	6,5
1979	- 200	- 0,1	-0,01	6,5
1980	44 505	12,5	12	6,3
1981	120 403	33,0	2,6	7,9
1982	104 098	26,3	2,4	6,8
1983	100 521	25,2	2,1	7,4

a) Nach Abzug der Steuern.

Quelle: Nihon-Zosen Kogyo-Kai: Zosen-Kaikei Shiryo, Tokyo, Sept. 1984, Tab. 15.

Die großen Werften unternahmen erhebliche Rationalisierungsanstrengungen mit dem Ziel, die Arbeitskosten zu reduzieren und die Beschäftigung an die neue Situation anzupassen. Die Zahl der Arbeitnehmer im Schiffbau, bei deren Vertragslieferanten und den sonstigen vom Schiffbau abhängigen Unternehmen sank von 361 00 im Jahre 1974 auf 147 00 im Jahre 1978 und 228 000 Ende 1979[7].

In „konzertierten Aktionen“ zwischen Regierung (vertreten durch das für den Schiffbau zuständige „Ministry of Transport“), Schiffbauunternehmen und Gewerkschaften wurde im Laufe der siebziger Jahre eine Reihe von Maßnahmen zur Bewältigung der Krise ergriffen. Dabei ist zu unterscheiden zwischen befristeten Aktionen zur Anpassung der Produktion an den (vermeintlich) vorübergehenden (konjunkturellen) Rückgang der Nachfrage einerseits und dauerhaften Maßnahmen zur Anpassung der Kapazitäten an den strukturellen Wandel im Weltschiffbau andererseits. Während sich erstere im wesentlichen auf das „Shipbuilding Law“ von 1950 stützten, das die

[7] Vgl. Japan Ship Exporters‘ Assocation, The Shipbuilders Association of Japan, Shipbuilding in Japan 1982-83, Tokyo 1983, S. 8.

Möglichkeit, eine Verringerung der Produktionsaktivitäten verbindlich zu empfehlen, ausdrücklich vorsieht („Recommended Curtailment of Operation"), hatten letztere im Krisenbranchen-Stabilisierungsgesetz von 1978 ihre legale Grundlage.

5.1.3 Maßnahmen zur Anpassung der Produktion an den Rückgang der Nachfrage

Das „Shipping and Shipbuilding Rationalization Council", ein vom „Ministry of Transport" (MOT) eingesetztes Beratungsgremium, empfahl zunächst im Juni 1976 den 40 Herstellern mit den größten Fertigungskapazitäten eine Reduzierung der Betriebszeiten in den beiden folgenden Jahren auf durchschnittlich 72 bzw. 67% der jeweiligen Höchstbeschäftigung in den Jahren 1973 bis 1975. Die großen Unternehmen wurden angewiesen, die Betriebszeiten stärker zurückzufahren als die kleineren. Im Jahre 1977 wurde für das Jahr 1979 eine weitere Absenkung der Betriebszeiten auf durchschnittlich 60% des bisherigen Höchststandes vorgeschlagen. Als sich die Situation 1978 gravierender verschlechterte als man zunächst angenommen hatte, wurde zwischen dem MOT und der Industrie vereinbart, die Produktion 1979 und 1980 im Durchschnitt der Branche auf 39% des Jahres mit der höchsten Ausbringung zu reduzieren; dabei sollten die sieben größten Gesellschaften nur 34%, die 17 mittelgroßen 45% und die 16 kleinsten 49% des Basisjahres erreichen (vgl. Tabelle 10)[8].

Um nicht in Gefahr zu geraten, mit dieser Vereinbarung gegen das „Anti-Monopoly-Law" zu verstoßen (entsprechende Warnungen der „Fair Trade Commission" lagen vor), schlug das „Ministry of Transport" den Schiffbauverbänden vor, ein Rezessionskartell gemäß den Richtlinien des „Anti-Monopoly-Law" zu bilden. Die Unternehmen stimmten dem Plan zu. Das von der „Fair Trade Commission" genehmigte und daraufhin am 1. August 1979 in Kraft gesetzte Kartell wurde für einen Zeitraum von 1 1/2 Jahren vereinbart. Inhalt war die Reduzierung der Produktion in den Jahren 1979 und 1980 auf 39% der in der ersten Hälfte der siebziger Jahre erzielten Höchstproduktion. Die Beteiligung am Kartell war den Schiffbauunternehmen freigestellt worden, für die Verletzung der Kartellregeln wurden jedoch Strafen festgelegt[9]. Die Kartellmitglieder hatten ihre Produktionsziffern monat-

[8] Vgl. hierzu und zu den folgenden Ausführungen auch: Japanese Shipbuilding — Shaping up for post-cartel challenges, in: Lloyd's Shipping Economist, May 1982, Vol. 4, No. 5, S. 8 ff.

[9] Sowohl im Vorfeld der Bildung als auch nach Inkrafttreten des Kartells kam es aufgrund der unterschiedlichen Interessenlage der Mitglieder zu nicht unbeträchtlichen Friktionen. Ein einflußreiches Schiffbauunternehmen (Koyo) zog seine zunächst zugesagte Beteiligung zurück. Mehrere mittelgroße Werften äußerten ihre Unzufriedenheit über die festgelegten Quoten, die die großen Firmen bevorzugen würden; auch die Wahl der Basisjahre wurde kritisiert.

lich zu melden. Neubaugenehmigungen wurden vom MOT nur an diejenigen Gesellschaften erteilt, die den Bedingungen des Kartells entsprachen. Beim Verdacht von Verletzungen der Regeln konnten Überprüfungen vor Ort durchgeführt werden. Die Schiffahrtsgesellschaften und der Verband der Reeder als Kunden des Schiffbaus protestierten gegen das Kartell bei der „Fair Trade Commission“ heftig, da sie als Folge höhere Preise erwarteten. Für das Fiskaljahr 1981 (endend am 31. März 1982) vereinbarten 34 Mitglieder des Kartells eine Ausbringung, die im Durchschnitt bei 51% des höchsten Produktionsniveaus der Jahre 1973-1975 lag.

Im April 1983 empfahl das „Ministry of Transport“ den Schiffbauunternehmern erneut (zum 2. Mal nach 1979), ein Rezessionskartell zu bilden mit dem Ziel, die Produktion in den Fiskaljahren 1983 und 1984 zu reduzieren, um das erneut entstandene Auftragsloch zu überbrücken. Die 33 größten Hersteller mit Produktionskapazitäten von mehr als 10 000 BRT wurden angewiesen, die Fertigung 1983 um 26% (auf 4 410 000 CBRT)[10] und 1984 um 32% (auf 4 060 000 CBRT, das entspricht einer Kapazitätsauslastung von 68%) zu senken (vgl. Tabelle 10). Sie verpflichteten sich gleichzeitig, keine neuen Kapazitäten zu schaffen.

Für das Fiskaljahr 1985 hat das „Ministry of Transport“ keine neue Empfehlung für die Begrenzung der Produktion gegeben. Beobachter sehen darin den wachsenden Einfluß der mittleren Werften auf die Schiffbaupolitik; in den vorhergehenden Jahren hatten sie sich innerhalb des Kartells vielfach gegenüber den Großwerften benachteiligt gefühlt[11].

5.1.4 Einbeziehung in das Krisenbranchen-Stabilisierungsgesetz 1978

Die eingeleiteten Maßnahmen zur vorübergehenden Anpassung der Produktion an die rückläufige Nachfrage erwiesen sich schon bald als unzureichend, nachdem immer deutlicher geworden war, daß es sich nicht nur um eine vorübergehende konjunkturelle Schwäche handelte, sondern daß sich der Schiffbau in einer anhaltenden Strukturkrise befand. Im August 1978 —die Produktionskapazitäten waren zu diesem Zeitpunkt nur zu 51% ausgelastet — war der Schiffbau — aufgrund der Empfehlungen des „Shipping and Shipbuilding Rationalization Council“ — als eine von 14 Industriebranchen als „strukturell gefährdet“ anerkannt und damit in das Krisenbranchen-Stabilisierungsgesetz einbezogen worden. Dies eröffnete die Möglichkeit, die Kapazitäten der Branche auf einen Umfang zurückzuführen, der dem — zu

[10] Diese Maßeinheit beinhaltet die Gewichtung der Tonnage mit dem erforderlichen Arbeitsaufwand.

[11] Vgl. Shipbuilding: Asian market mastery leads to a builders‘ battle, in: Far Eastern Economic Review, 14 February 1985, p. 44 f.

Tab. 10: Zusammenfassender Überblick über die kurzfristigen Maßnahmen zur Anpassung der Produktion des japanischen Schiffbaus an den Rückgang der Nachfrage

Jahr	Maßnahmen des Ministry of Transport	betroffene Unternehmen	Gesetzte Ziele für die Jahre						
			1977	1978	1979	1980	1981	1983	1984
1976	Empfehlung: Reduzierung der Betriebszeiten auf ... % des höchsten Standes 1973 - 1975	7 größte	67	63					
		17 mittelgroße	76	70					
		16 kleinere	82	75					
		Durchschnitt	72	67					
1977	Empfehlung: Reduzierung der Betriebszeiten auf ... % des höchsten Standes 1973 - 1975	7 größte		63	55				
		17 mittelgroße		70	66				
		16 kleinere		75	70				
		Durchschnitt		67	60				
1978	Empfehlung: Einschränkung der Produktion auf ... % des höchsten Standes 1973 - 1975	7 größte			34	34			
		17 mittelgroße			45	45			
		16 kleinere			49	49			
		Durchschnitt			39	39			

1979 (1.Aug.)	Organisation eines Rezessionskartells zur Einschränkung der Produktion auf ... % des höchsten Standes 1973 - 1975	7 größte	34	34			
		17 mittelgroße	45	45			
		16 kleinere	49	49			
		Durchschnitt	39	39			
1980 (1.Apr.)	Festlegung der Produktion im Rahmen des Rezessionskartells für das Fiskaljahr 1981 auf ... % des höchsten Standes 1973 - 1975	34			51		
1983 (13.Apr.)	Vorschlag: Bildung eines Rezessionskartells zur Einschränkung der Produktion in den Fiskaljahren 1983/84 auf ... 1 000 CBRT	33				4 410	4 060

Quelle: Nihon-Zosen Kogyo-Kai: Zosen-Kaikei Shiryo, Tokyo, Sept. 1984, Tab. 23. - Japan Confederation of Shipbuilding & Engineering Workers' Unions (Zosen Juki Roren), Labour Union's Adaptation to the Structural Change in the Shipbuilding Industry, August 1980, S. 32. - S. Doi, Chairman of The Special Committee for Policy, The World's Newbuilding Market in the 1980s, The Shipbuilders' Association of Japan (3rd June 1980).

diesem Zeitpunkt — angenommenen künftigen Bedarf entsprach, ohne die betroffenen Unternehmen vor unlösbare wirtschaftliche Probleme zu stellen.

Der vom „Shipping and Shipbuilding Rationalization Council" erarbeitete und am 30. Oktober 1978 vorgelegte „Basic Stabilization Plan for Shipbuilding Industries" sah eine Reduzierung der Neubaukapazitäten von 9,8 Mill. CBRT um insgesamt etwa 35% bis Ende März 1980 vor. Grundlage war eine Prognose des Neubaubedarfs bis 1985, die sich — unter Zugrundelegung eines Weltmarktanteils der japanischen Werften von 35% — auf nur 2,5 Mill. CBRT im Jahre 1980 und auf 6,4 Mill. CBRT im Jahre 1985 belief[12]. Über dieses Globalziel konnte zwischen Industrie und dem „Ministry of Transport" rasch Einigung erzielt werden, ebenso über die durchschnittlichen Abbauquoten in den einzelnen Unternehmensgrößenklassen. Im Stabilisierungsplan wurde festgelegt, daß die größeren der insgesamt einbezogenen 61 Unternehmen[13] ihre Kapazitäten durch Stillegung von Docks und Helgen bzw. Verkleinerungen bestehenbleibender Anlagen stärker abbauen sollten als die kleineren (vgl. Tabelle 11). Dabei ging man davon aus, daß einerseits die großen Unternehmen den Kapazitätsabbau leichter verkraften konnten und andererseits die kleineren Unternehmen aufgrund ihres anderen Angebotsprofils günstigere Absatzbedingungen hatten. Als relativ schwierig erwies es sich, sich darüber zu einigen, welche Firmen im einzelnen und in welchem Umfang zur Erreichung des gesetzten Globalziels beitragen sollten.

Bis zum März 1980 war der Kapazitätsabbau vollzogen. Das im Stabilisierungsplan festgelegte Planziel wurde um durchschnittlich 5% übertroffen, wobei die mittelgroßen Unternehmen knapp ein Fünftel zulegten, während die kleineren Werftunternehmen ihre ursprünglichen Absichten nicht voll realisierten (vgl. Tabelle 11). Die Zahl der von den 61 unter das Krisenbranchen-Stabilisierungsgesetz fallenden Unternehmen betriebenen Werften hatte sich von 138 auf 88, die Gesamtkapazität von 9,77 Mill. CBRT auf 6,19 Mill. CBRT verringert. Von den 61 Unternehmen hatten sich 11 ganz aus dem Schiffbau zurückgezogen[14].

Zur finanziellen Abwicklung des Kapazitätsabbaus, insbesondere bei den kleinen und mittleren Schiffbauunternehmen, wurde im Dezember die „Designated Shipbuilding Enterprises Stabilization Association" gegründet (vgl. Abbildung 4). Ihr Kapital in Höhe von 2 Mrd. Yen stammt zur Hälfte von der Regierung und zur anderen Hälfte aus privaten Quellen, insbesondere auch

---

[12] Vgl. S. Doi, The World's Newbuilding Market in the 1980's, The Shipbuilders' Association of Japan (3rd June 1980).

[13] Alle Unternehmen mit Produktionskapazitäten von mindestens 5 000 BRT.

[14] Bis August 1982 war die Zahl der Unternehmen, die vom Krisenbranchen-Stabilisierungsgesetz 1978 erfaßt waren, weiter — auf 44 — geschrumpft. Es wird allerdings vermutet, daß einige der in Konkurs geratenen Schiffbauunternehmen die Produktion — als Unterlieferanten großer Werften — wieder aufgenommen haben.

Tab. 11: Planung und Realisierung des Kapazitätsabbaus im Schiffbau

Unternehmen	Ursprüngliches Ziel des Kapazitätsabbaus	Kapazitäten vor Beginn der Stabilisierungsmaßnahmen		Im Stabilisierungsplan vorgesehener Abbau der Produktionskapazität von 1000 CBRT	Tatsächlich realisierter Abbau			Kapazitäten nach Abschluß der Stabilisierungsmaßnahmen	
		Zahl der Docks	Produktionskapazität in 1000 CBRT		Zahl der Docks	Produktionskapazität in 1000 CBRT	in % des vorgesehen. Abbaus	Zahl der Docks	in 1000 CBRT
die 7 größten[a)]	40 %	55	5 690	2 280	25	2 240	99	30	3 430
die 17 nächstgrößten[b)]	30 %	38	2 890	870	10	1 040	119	28	2 050
16 mittelgroße[c)]	27 %	23	790	210	9	250	119	14	450
die 21 kleineren[d)]	15 %	22	400	60	6	50	81	16	260
61 insgesamt	35 %	138	9 770	3 420	50	3 580	105	88	6 190

a) Mit einer Kapazität von mehr als 1 Mill. BRT.
b) Mit einer Kapazität zwischen 100 000 und 1 Mill. BRT.
c) Mit einer Kapazität zwischen 10 000 und 100 000 BRT.
d) Mit einer Kapazität zwischen 5 000 und 10 000 BRT.

Quelle: Unyu-Sho (Ministry of Transport): Unyu-hakusho.

von den großen Schiffbauunternehmen. Zweck dieser Gesellschaft war und ist es, von den vom Kapazitätsabbau betroffenen Gesellschaften Produktionsanlagen (zum Buchwert) sowie Grund und Boden (zum jeweiligen Marktpreis) zu kaufen, die Anlagen zu verschrotten und die Grundstücke an Interessenten aus anderen Wirtschaftszweigen bzw. an die Kommunen weiter zu verkaufen. Die für den Ankauf erforderlichen Mittel (insgesamt waren 96,5 Mrd. Yen vorgesehen) wurden durch Darlehen der „Japan Development Bank" und großer Privatbanken aufgebracht. Ihre Rückzahlung (spätestens Ende 1988)[15] erfolgt aus drei Quellen: a) den erzielten Erlösen für die Landverkäufe, b) Zahlungen der „überlebenden" Schiffbauunternehmen in Höhe von 0,1% ihrer Umsatzerlöse für Neubauschiffe, und c) staatlichen Subventionen als Beitrag zu den Selbsthilfemaßnahmen der Industrie (vgl. Abbildung 4). Grundidee dieser Konstruktion war es, daß die leistungsstarken Schiffbauunternehmen den leistungsschwachen dabei helfen, sich mit neuen Aktivitäten in anderen Industriezweigen zu engagieren, ohne zahlungsunfähig zu werden. Zwischen Juni 1979 und März 1980 hat die Gesellschaft neun Schiffswerften mit einer Fertigungskapazität von 490 000 BRT aufgekauft und damit einen erheblichen Beitrag zum Erfolg des Kapazitätsabbauprogramms geleistet[16]. Von den dem Fonds insgesamt zur Verfügung stehenden 96,6 Mrd. Yen wurden bis 1983 36,7 Mrd. Yen in Anspruch genommen, hauptsächlich von den kleineren Schiffbauunternehmen[17].

Weitere wichtige Bestandteile des Umstrukturierungsprogramms waren staatliche Garantien für Verbindlichkeiten der Werften, denen wegen der Stillegung von Docks keine Sicherheiten mehr gegenüberstanden[18], sowie Steuervergütungen in Höhe von 10% des Investitionsvolumens für Umwandlungsinvestitionen.

Auch nach dem Auslaufen des Bereinigungsprozesses, der zu einer Verringerung um 37% geführt hatte, waren die Produktionskapazitäten der japanischen Schiffbauindustrie noch stark überhöht. Die dem Stabilisierungsplan zugrunde liegende Prognose des Neubaubedarfs von 1978 erwies sich nämlich als viel zu optimistisch, auch wenn die Auslastung der Kapazitäten nach dem Ende des Bereinigungsprozesses im Jahre 1981 mit 79% erheblich über der des Jahres 1978 (51%) lag. Nicht zuletzt die zweite Ölpreiskrise des Jahres 1979 hatte die Voraussetzungen für eine rasche und anhaltende Überwindung

---

[15] Ende 1988 eventuell auftretende Verluste sind von der Schiffbauindustrie auszugleichen.

[16] Bis Dezember 1984 waren vier dieser Werftanlagen an Kommunen oder andere Unternehmen weiter verkauft worden.

[17] Welche Werften im einzelnen zu welchen Preisen und mit welchen Kapazitätseffekten aufgekauft wurden, ist dargestellt in: Japanese Shipbuilding — Shaping up for post-cartel challenges, a.a.O.

[18] Zwischen 1978 und 1983 wurden Kreditgarantien in Höhe von 14,2 Mrd. Yen in Anspruch genommen (vgl. Tabelle 4).

Abb. 4

Die finanzielle Abwicklung des Kapazitätsabbaus im japanischen Schiffbau

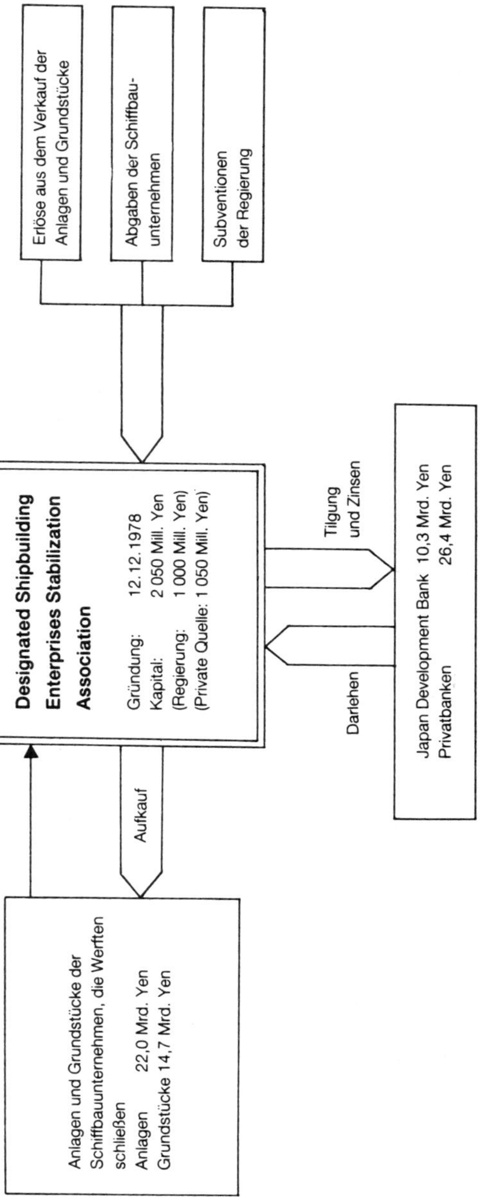

der Schiffbaukrise zunichte gemacht. Nachdem im Stabilisierungsplan 1978 für das Jahr 1985 von einem Neubaubedarf von 6,4 Mill. CBRT ausgegangen worden war, mußte diese Zahl in der im März 1983 vorgelegten neuen Prognose des „Shipping and Shipbuilding Council" auf 3,2 Mill. CBRT, also auf die Hälfte, reduziert werden. Nach dieser bis 1990 reichenden Vorhersage wird sich der Neubaubedarf erst gegen Ende dieses Jahrzehnts der derzeitigen Kapazität von 6,19 Mill. CBRT nähern (vgl. Tabelle 12 und Abbildung 5). Aus diesem Grund wurde vom „Ministry of Transport" für die Jahre 1983 und 1984 auch die Bildung eines neuen Rezessionskartells empfohlen (vgl. Tabelle 10).

In Ergänzung des Abbaus von Produktionskapazitäten nach dem Krisenbranchen-Stabilisierungsgesetz 1978 hat die japanische Regierung weitere Maßnahmen beschlossen, die mit nicht unbeträchtlichen direkten oder indirekten Subventionen verbunden sind. Das Ende 1978 eingeführte „Scrap and Build"-Programm besteht aus zwei voneinander unabhängigen Einzelmaßnahmen, nämlich der Förderung des Abwrackens überalterter, unwirtschaftlicher Schiffe (mit mindestens 2 500 BRT) und Anreizen zum Bau neuer, moderner Schiffe auf japanischen Werften[19]. Die im Rahmen des Verschrottungsprogramms durch die „Ship Disposal and Scrapping Promotion Association" geleisteten Beihilfen wurden am 1.4.1983 von 1 430 - 1 730 Yen je BRT auf 2 550 - 2 840 Yen je BRT (je nachdem, ob es sich um Hochseeschiffe oder um Küstenschiffe handelt) angehoben. Von 1978 bis Ende März 1984 wurden im Rahmen dieses Programms insgesamt 119 Schiffe mit zusammen 1,9 Mill. BRT verschrottet[20]. Für Neubauten gewährt die „Japan Development Bank" gemeinsam mit den Geschäftsbanken den japanischen Reedern umfangreiche Finanzierungshilfen in Form von Krediten in Höhe von bis zu 90% der Baukosten (für Container — und LNG-Schiffe) bei einer Laufzeit von 15 Jahren einschließlich fünf tilgungsfreier Jahre. Staatliche Zinssubventionen, die zusätzlicher Verbilligung der Kredite dienen, werden seit 1982 nicht mehr gewährt (vor 1982: 3% unter den Marktzinsen)[21].

In das Branchenstruktur-Verbesserungsgesetz 1983 ist der Schiffbau nicht mehr aufgenommen worden, da nach Ansicht der Industrie trotz der anhaltenden Nachfrageflaute ein weiterer Kapazitätsabbau nicht für notwendig erachtet wurde. Es wurde nämlich angenommen, daß sich gegen Ende des Jahrzehnts die Nachfrage den bestehenden Produktionskapazitäten nähern wird (vgl. Abbildung 5).

---

[19] Vgl. Japan Confederation of Shipbuilding & Engineering Workers' Union (Zosen Juki Roren), a.a.O., S. 42 ff.

[20] Vgl. Verband der Deutschen Schiffbauindustrie e.V., Die Subventionierung des Schiffbaus in den Konkurrenzländern, Hamburg 1984, S. 33 ff. — Norbert Finkel, Staatliche Förderungsmaßnahmen für Japans Schiffbauindustrie, in: Mitteilungen der Bundesstelle für Außenhandelsinformation, April 1985.

[21] Norbert Finkel, a.a.O.

Abb. 5

Neubau-Prognose für japanische Hochseeschiffe und Krisenmaßnahmen der japanischen Werftindustrie

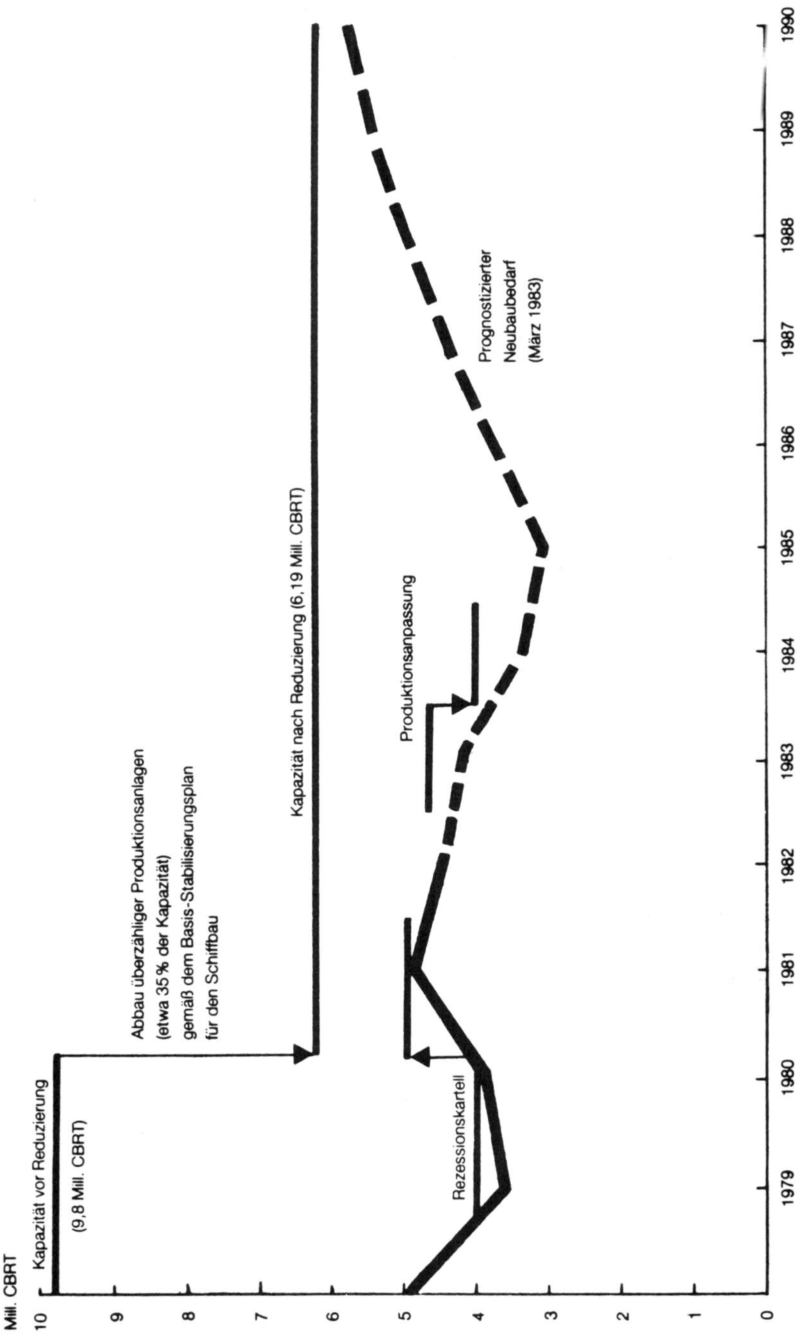

Tab. 12: Prognose des Neubaubedarfs an japanischen Hochseeschiffen bis 1990

Kalenderjahr	1 000 CBRT
1982	4 500
1983	4 100
1984	3 400
1985	3 200
1986	3 600
1987	4 300
1988	5 000
1989	5 300
1990	5 500

Quelle: Shipping and Shipbuilding Rationalization Council (März 1983).

5.1.5 Die Anpassung der Beschäftigung

Der starke Rückgang der Produktion nach 1975 und die durchgeführten Kapazitätsbeschneidungen führten zu einem für japanische Verhältnisse ungewöhnlich scharfen Abbau der Beschäftigung im Schiffbau. Diesen Abbau möglichst reibungslos — ohne soziale Härten — vor sich gehen zu lassen, war das erklärte Ziel von Regierung und Unternehmen. Fast alle Schiffbauunternehmen haben individuelle Programme entwickelt, die den Abbau von Überstunden, den Stop von Neueinstellungen, die Umsetzung von Beschäftigten in andere Produktionssparten des Unternehmens oder deren Abstellung zu Tochter- oder Schwestergesellschaften umfaßten. Eine bedeutende Rolle spielte das vorzeitige Ausscheiden von Arbeitnehmern, für das mit großzügigen Abfindungen geworben wurde. Die im „Employment Insurance Law" von 1974 sowie im „Law on Temporary Measures for Workers Displaced from Specified Depressed Industries" von 1978 vorgesehenen staatlichen Hilfestellungen[22] wurden vor allem von den kleineren und mittleren Unternehmen in Anspruch genommen. Die großen Werftunternehmen, die zu stark diversifizierten Unternehmergruppen gehören, konnten die Beschäftigungsanpassung leichter aus eigener Kraft realisieren.

Je nach Abgrenzung schwanken die Angaben über die Beschäftigung im japanischen Schiffbau. Die Entwicklungstendenzen zeigen jedoch ein eindeu-

[22] Vgl. Abschnitt 7.3.

tiges Bild. Bezieht man die in Japan eine besonders große Rolle spielenden vertraglich gebundenen Zulieferbetriebe und die sonstigen vom Schiffbau abhängigen Industriezweige in die Betrachtung ein, so ist ein Rückgang der gesamten schiffbaurelevanten Beschäftigung zwischen 1974 und 1983 von 374 000 auf 222 000 Personen zu registrieren, das sind gut 40% (vgl. Tabelle 13). Der Rückgang im Schiffbau selbst (von 197 000 auf 113 000) war sogar noch etwas stärker. Es fällt jedoch auf, daß in den ersten Krisenjahren die Beschäftigung vor allem bei den Vertragslieferanten stark absank. Daraus läßt sich schließen, daß die Werften zunächst — solange es sich um eine kurzfristige Nachfrageschwäche zu handeln schien — zusätzlich die Fertigung von Ausrüstungen aufnahmen und damit das Beschäftigungsrisiko auf die Zulieferer abschoben, indem sie an diese weniger Unteraufträge erteilten.

Tab. 13: Entwicklung der Beschäftigung im japanischen Schiffbau insgesamt und in den abhängigen Bereichen

Dezember	Schiffbau		Vertragslieferanten		Abhängige Industrien		Insgesamt	
	in 1 000	1974 = 100	in 1 000	1974 = 100	in 1 000	1974 = 100	in 1 000	1974 = 100
1974	197	100	90	100	87	100	374	100
1975	200	102	74	82	82	94	356	95
1976	180	91	69	77	78	90	327	87
1977	164	83	52	58	80	92	296	79
1978	137	70	39	43	71	82	247	66
1979	120	61	42	47	66	76	228	61
1980	113	57	52	58	69	79	234	63
1981	114	58	57	63	65	75	236	63
1982	114	58	59	66	65	75	238	64
1983	113	57	46	51	63	72	222	59

Quelle: The Shipbuilders Association of Japan.

Ein ähnliches Bild ergibt sich auch, wenn man die Beschäftigtenentwicklung nur bei den 61 Unternehmen mit Produktionskapazitäten von 5 000 CBRT und mehr, die von den Kapazitätskürzungen im Rahmen des Krisenbranchen-Stabilisierungsgesetzes 1978 betroffen waren, betrachtet (vgl. Tabelle 14).

Tab. 14: Beschäftigungsentwicklung in den von den Krisenstabilisierungsmaßnahmen betroffenen Unternehmen des Schiffbaus und ihren Vertragslieferanten

Jahr	61 Unternehmen		darunter					
			die 7 größten Unternehmen		die 33 mittleren Unternehmen		die 21 kleineren Unternehmen	
	des Schiffbaus	deren Vertragslieferanten	des Schiffbaus	deren Vertragslieferanten	des Schiffbaus	deren Vertragslieferanten	des Schiffbaus	deren Vertragslieferanten
1974	91 081	65 177	60 761	26 878	26 980	32 063	3 340	6 236
1978	68 013	26 056	48 630	8 192	17 171	14 602	2 212	3 262
1979	50 665	25 828	35 170	7 756	13 565	14 886	1 930	3 186
1980	46 033	31 840	30 743	9 511	13 405	18 565	1 885	3 764
1981	47 126	34 169	31 071	10 786	14 049	19 379	2 006	4 004
Veränderung in % 1974-78	- 25	- 60	- 20	- 70	- 36	- 54	- 34	- 48
1974-81	- 48	- 48	- 49	- 60	- 48	- 40	- 40	- 36

Quelle: The Shipbuilders Association of Japan.

So erfolgte im Durchschnitt dieser Unternehmen von 1974 bis 1978 ein Beschäftigungsabbau um etwa 25%, bei den Zulieferern aber um rund 60%. Noch wesentlich gravierender waren die Unterschiede bei den sieben großen Unternehmen. Während die mittleren und kleineren Werftunternehmen in den folgenden Jahren die alten Lieferbeziehungen zu den Vertragsfirmen — soweit dies an den Beschäftigungszahlen abzulesen ist — wieder in vollem Umfang aufnahmen, griffen die Großfirmen nach Abbau ihrer Kapazitäten in erheblich geringerem Umfang auf Zulieferfirmen zurück, als dies früher der Fall war. Der Strukturanpassungsprozeß hat jedenfalls die Beschäftigungssituation bei den Vertragslieferanten der Großfirmen besonders gravierend verschlechtert.

Im Gegensatz zu den kleineren — auf den Schiffbau spezialisierten —Unternehmen hatten die großen Hersteller von Schiffen die Möglichkeit, ihre Aktivitäten — und damit die Beschäftigung — unternehmensintern auf andere Fertigungsbereiche zu verlagern. So ist beispielsweise bei den 23 größten im Schiffbau tätigen Unternehmen die Zahl der im Schiffbau beschäftigten Personen zwischen 1976 und 1984 um 48%, die Gesamtbeschäftigung aber nur um 28% zurückgegangen (vgl. Tabelle 15). In welchem Umfang die großen japanischen Schiffbauunternehmen nach 1974 ihre Aktivitäten vom Neubau von Schiffen auf andere Produktionssparten (z. B. schwimmende Fabriken, Bohrinseln, Anlagenbau) verlagerten, zeigt Tabelle 16, in der die Umsatzstruktur von zehn Gesellschaften wiedergegeben ist. Der Neubau-Anteil sank von 39% (1973) auf 17% (1980), der Anteil der sonstigen Aktivitäten schnellte von 56% auf 76% hoch. Deutlich stärker als die Zahl der Mitarbeiter insgesamt schrumpfte die Zahl der als Zeitarbeiter, also nicht dauerhaft engagierten Personen, die so etwas wie einen Konjunkturpuffer darstellen und die stets als erste betroffen sind (vgl. Tabelle 15).

Wie bereits erwähnt, haben Ende der siebziger Jahre alle großen und auch die meisten mittleren Schiffbauunternehmen — in enger Zusammenarbeit mit den Betriebsgewerkschaften — ihren älteren Mitarbeitern attraktive finanzielle Angebote für ein vorzeitiges Ausscheiden gemacht. In einer Reihe von Fällen sind diese Angebote in stärkerem Maße als erwartet akzeptiert worden (vgl. Tabelle 17). Im Durchschnitt der untersuchten 14 Unternehmen (sieben große und sieben mittlere) erfolgte fast die Hälfte des gesamten Beschäftigungsabbaus zwischen Oktober 1975 und April 1980 in Höhe von 52 500 Personen (bzw. 21%) durch vorzeitiges Ausscheiden zu Vorzugsbedingungen. Aus Tabelle 17 wird auch deutlich, daß diese Form der Beschäftigungsreduzierung bei den mittleren Unternehmen von erheblich größerer Bedeutung war als bei den Großunternehmen, die Arbeitskräfte eher innerhalb des Unternehmens umsetzen können.

Tab. 15: Beschäftigungsentwicklung in 23 Schiffbauunternehmen 1976 - 1984

Jahr (jeweils April)	Beschäftigte im Schiffbau		Beschäftigte[a)] insgesamt		darunter: temporäre Arbeitskräfte[b)]	
	Zahl	1976=100	Zahl	1976=100	Zahl	1976=100
1976	110 235	100	270 426	100	31 340	100
1977	103 153	93	264 309	98	30 053	96
1978	90 409	82	246 386	91	21 661	69
1979	68 922	63	214 110	79	15 664	50
1980	56 638	51	201 196	74	18 050	58
1981	58 037	53	204 583	76	24 135	77
1982	60 483	55	204 390	76	25 908	83
1983	59 803	54	203 150	75	18 422	59
1984	57 504	52	195 468	72	17 992	57

a) Einschl. in anderen Unternehmensbereichen beschäftigte Personen.- b) Mit zeitlich befristeten Verträgen.

Quelle: Nihon-Zosen Kogyo-Kai: Zosen-Kaikei Shiryo, Tokyo, Sept. 1984, Tab. 18.

Tab. 16: Die Zusammensetzung des Umsatzes von 10 großen Schiffbauunternehmen in %

Jahr	Neubau	Reparatur	Sonstige Aktivitäten	Umsatz insgesamt	
				100 Mill.Yen	1968=100
1970	30	6	64	17 751	131
1973	39	5	56	25 693	189
1975	36	5	59	32 448	239
1978	19	4	77	33 207	245
1980	17	7	76	36 508	269
1983	19	4	77	47 102	347

Quelle: Nihon-Zosen Kogyo-Kai: Zogen-Kaikei Shiryo, Tokyo, Sept. 1984, Tab. 16.

Das folgende Beispiel soll die beschäftigungspolitischen Anpassungsmaßnahmen der großen japanischen Schiffbauunternehmen verdeutlichen[23]: Eine Großwerft reduzierte die Beschäftigung von 16 331 Mitarbeitern im Jahre 1975 auf 10 540 im Jahre 1982, das entspricht einem Abbau um 35% innerhalb von sieben Jahren. Sofortige Entlassungen wurden dabei vermieden. Die natürlichen Abgänge durch Tod, Invalidität, Kündigung (von Seiten der Abeitnehmer) wurden durch bewußte Zurückhaltung bei Neueinstellungen gezielt zur Verringerung der Beschäftigung genutzt. Beispielsweise wurden 1979 nur 12 Personen eingestellt gegenüber 904 im Jahre 1974. Auch die Zahl der von Subkontraktunternehmen temporär übernommenen Arbeitskräfte wurde reduziert. Auf dem Höhepunkt der Krise 1979 betrug sie nur noch 621 gegenüber 4 385 im Jahre 1974. Einen wichtigen — wenn auch befristeten — Beitrag zur Beschäftigtenanpassung leistete auch das Ausleihen von Arbeitskräften an andere Unternehmensteile bzw. an andere Gesellschaften (in der Regel für 2 - 3 Jahre). So war die Zahl der ausgeliehenen Arbeiter 1980 mehr als vier mal so hoch wie 1974/75. Als sich schließlich die wirtschaftliche Lage 1978 gravierend verschlechterte und eine grundlegende Umstrukturierung der Werft erforderlich machte, wamdte sich die Gesellschaft mit dem Angebot an Teile der Belegschaft, zu Vorzugsbedingungen vorzeitig auszuscheiden. 589 nahmen dieses Angebot im gleichen Jahr an (vgl. Tabelle 18).

Die Bemühungen der großen Gesellschaften, ihre Stammbelegschaft möglichst zu halten, beinhalteten auch umfangreiche Trainings- bzw. Umschulungsprogramme, um die Mitarbeiter für andere Tätigkeiten einsetzen zu können. Dafür wurden vielfach Mittel aus den staatlichen Programmen in Anspruch genommen. So erhielt beispielsweise die oben angeführte Großwerft zwischen November 1978 und Mai 1979 695 Mill. Yen in Form von „Employment Adjustment Benefits" für ihre Umschulungsaktivitäten, in die während dieser Zeit täglich 1 000 - 1 500 Arbeiter einbezogen waren.

Der Prozeß der Beschäftigungsanpassung ist bei den kleineren Schiffbaugesellschaften in der Regel nicht so reibungslos verlaufen wie bei den großen. Ein Beispiel möge dies verdeutlichen (vgl. Tabelle 19). Die untersuchte Gesellschaft hatte ihre Kapazität — ermutigt durch Empfehlungen des „Ministry of Transport" — Anfang der siebziger Jahre durch den Neubau einer Werft verdoppelt. Zum Zeitpunkt der Fertigstellung hatte sich die Lage des Schiffbaus als Folge der Ölpreiskrise bereits drastisch verschlechtert. Damals (1974) wurden 2 461 Arbeiter beschäftigt, darunter 1 090 auf Subkontrakt-Basis. Die dramatische Zuspitzung der finanziellen Lage als Folge fehlender Aufträge und hoher Belastungen aus der unrentablen Investition zwang das Unternehmen in den Jahren 1977 und 1978 dazu, der Belegschaft ein umfang-

[23] Vgl. Haruo Shimada, Employment Adjustment and Employment Policies: Japanese Experience, a.a.O., S. 28 ff.

Tab. 17: Abbau der Beschäftigung im Schiffbau durch vorzeitiges Ausscheiden zu Vorzugsbedingungen

Name des Unternehmens	Kapazität (BRT) am 1. April 1983	Zahl der Beschäftg. im Oktober 1975	Angebot zum vorzeitigen Ausscheiden			Beschäftigte im April 1980	
			Termin	geplant für .. Beschäftigte	tatsächlich in Anspruch genommen von ... Personen	Zahl	Oktober 1975=100
Mitsubishi Heavy Industries,Ltd. (MHI)	530 800	69 891	12/78-3/79	.a)	2 057	59 577	85
Nippon Kokan K.K.	224 100	40 412	3/79-5/79	870	2 273	33 631	83
Ishikawajima-Harima Heavy Industries Co., Ltd.	632 000	35 090	2/79-3/79	.a)	4 610	26 678	76
Kawasaki Heavy Industries, Ltd. (KHI)	410 500	31 724	3/79-5/79	2 500	3 749	25 867	82
Hitachi Shipbuilding and Engineering	412 400	22 396	3/78-6/78	.a)	1 902	16 787	75
Mitsui Engineering and Shipbuilding Co., Ltd.	313 800	15 462	9/78-3/79	2 000	2 953	11 813	76
Sumitomo Heavy Industries,Ltd.	226 800	12 486	2/79	1 033	1 007	9 647	77
Sasebo Heavy Industries Co., Ltd.	136 400	6 677	2/78-4/79	850	1 681	3 058	46
The Hakodare Dock Co., Ltd.	18 500	3 304	12/77-8/79	2 080	1 440	1 726	52
Namura Shipbuilding Co.,Ltd.	80 000	2 338	2/78-3/79	494	612	984	42
Sanoyasu Dockyard Co.,Ltd.	80 000	1 933	4/78-8/78	350	761	823	43
Kasado Dockyard Co., Ltd.	51 000	1 784	3/78-4/78	300	469	1 161	65
Osaka Shipbuilding Co., Ltd.	27 500	1 079	2/78-3/78	350	350	675	63
Nippon Kai Heavy Industries Co., Ltd.	34 000	915	5/78-8/78	500	379	497	54
Insgesamt	3 177 800	245 491	12/77-8/79	.a)	24 243	192 924	79

a) Nicht bekannt.

Quelle: The Shipbuilders Association of Japan.

Tab. 18: Beschäftigungsanpassung auf einer Großwerft

Jahr	Zahl der Beschäftigt. insgesamt	darunter: Arbeitnehmer von Subkontraktunternehmen	Aus Altersgründen ausscheidende Mitarbeiter	Sonstige natürliche Abgänge	Vorzeitiges Ausscheiden zu Vorzugsbedingungen	Neueinstellungen	Ausgeliehene Arbeitskräfte
1974	15 804	4 385	204	274	-	904	565
1975	16 331	3 303	186	321	-	462	558
1976	16 093	1 720	224	300	-	28	795
1977	14 995	1 499	161	274	-	28	1 146
1978	14 089	1 277	213	836	589	28	1 283
1979	12 859	621	188	246	68	12	2 098
1980	10 771	1 104	185	160	15	41	2 384
1981	10 498	1 441	164	137	15	183	2 016
1982	10 540	1 686	109	66	5	222	-

Quelle: Haruo Shimada, Employment Adjustment and Employment Policies: Japanese Experience, Paper prepared for the workshop on Trade Policy for Troubled Industries: Worker and Community Aspects of Adjustment, Institute for International Economics, Washington D.C., October 1984.

Tab. 19: Entwicklung der Beschäftigung auf einer kleineren Schiffswerft

Jahr	Verwaltung und Management	Produktion		Insgesamt	Anteil der Arbeitnehmer von Subkontrakt-unternehmen in %
		Regulär Beschäftigte	Arbeitnehmer von Subkontrakt-unternehmen		
1974	479	892	1 090	2 461	55
1975	548	954	1 020	2 522	52
1976	541	873	1 180	2 594	58
1977	360	426	790	1 576	65
1978	35	53	100	188	65
1979	135	99	620	854	86
1980	167	209	1 150	1 526	84
1981	270	300	1 450	2 020	83

Quelle: Haruo Shimada, Employment Adjustment and Employment Policies: Japanese Experience, Paper prepared for the workshop on Trade Policy for Troubled Industries: Worker and Community Aspects of Adjustment, Institute for International Economics, Washington D.C., October 1984, S. 37 ff.

reiches Programm zum vorzeitigen Ausscheiden anzubieten. Da dieses Angebot bei weitem nicht im geplanten Umfang angenommen wurde, schritt man zu gezielten Entlassungen. Dies veranlaßte einen Teil der Betroffenen zu gerichtlichen Schritten. Noch vor Abschluß der Verfahren mußte die Gesellschaft Bankrott anmelden und die Werft wurde geschlossen. 1978 wurden nur noch 188 Personen zur Wartung und Sicherung der Anlagen beschäftigt. 1979 wurde der Betrieb unter Zuhilfenahme von Mitteln nach dem „Corporate Reconstruction Law“ wieder aufgenommen. Die Gesellschaft stützt sich seither in erheblich stärkerem Umfang als vor der Betriebsschließung auf „Subcontract-Workers“ (vgl. Tabelle 19).

5.2 Aluminiumindustrie

5.2.1 Entwicklung und Struktur

Primäraluminium wird in Japan seit den dreißiger Jahren hergestellt. Bis Mitte der fünfziger Jahre bewegte sich die Produktion auf einem niedrigen Niveau. Der heimischen Nachfrage folgend nahm die Produktion seitdem jedoch stetig zu. Sie erhöhte sich von etwa 70 000 t (1955) auf knapp 1,1 Mill. t im Jahre 1973. Japan war damit der zweitwichtigste Aluminiumhersteller in der westlichen Welt geworden. Bis zum Jahre 1965 importierte Japan kaum Aluminium; seitdem stiegen die Importe stetig an. Als Exporteur von Aluminium blieb Japan ohne Bedeutung.

Mit der ersten Ölpreiskrise veränderten sich die Marktbedingungen. Der Anstieg der Inlandsnachfrage verlangsamte sich. Nachfrageschwankungen stellten sich ein. Die Produktion von Hüttenaluminium stagnierte und nahm seit der zweiten Ölpreiskrise drastisch ab. Die Importe verharrten anfänglich auf dem 1973 erreichten Niveau, stiegen seit 1977 aber zügig an. Trotz der Stagnation der Produktion wurden die Produktionskapazitäten auch nach 1973 erweitert, entsprechend verminderte sich der Grad der Kapazitätsauslastung von 86% im Jahre 1973 auf 64% in den Jahren 1976 und 1978 (vgl. Tabelle 20). Diese Entwicklung gab Anlaß, die Aluminiumindustrie der staatlichen Strukturanpassungspolitik zu unterwerfen.

Bis in die sechziger Jahre hinein teilten drei Aluminiumunternehmen den japanischen Markt für Primäraluminium unter sich auf. Als Folge des raschen Nachfrageanstiegs kamen in den sechziger und siebziger Jahren drei weitere Unternehmen hinzu (vgl. Tabelle 21). Der Aufbau der japanischen Aluminiumindustrie ist das Ergebnis der Diversifizierungspolitik großer Chemieunternehmen, die wiederum einer der sechs großen Unternehmens-

Tab. 20: Markt- und Kapazitätsentwicklung von Primäraluminium in Japan 1973 - 1983 in 1000 t

Fiskaljahr	Produktion	Importe	Inländische Nachfrage	Exporte	Lagerhaltung	Produktionskapazitäten	Kapazitätsauslastung in %
1973	1 082	473	1 670	2	162	1 254	86,2
1974	1 116	349	1 099	43	475	1 338	83,4
1975	988	348	1 306	72	510	1 446	68,3
1976	970	426	1 632	50	335	1 516	64,0
1977	1 188	472	1 409	103	417	1 628	73,0
1978	1 023	757	1 715	22	323	1 589	64,4
1979	1 043	678	1 848	2	209	1 160	89,9
1980	1 038	862	1 519	6	555	1 157	89,7
1981	665	1 062	1 609	9	795	1 136	58,5
1982	295	1 346	1 668	2	731	743	39,5
1983	264	1 379	1 807	1	620	712	35,9

Quelle: Japan Aluminium Federation, The Present Situation on the Japanese Aluminium Industry, Tokyo 1984, S. 5.

gruppen zugehören[24]. Diese Verflechtung erklärt sich daraus, daß die Herstellung von Aluminium kapitalintensiv erfolgt und einen erheblichen Kapitaleinsatz erfordert. Die Aufbringung großer Kapitalmengen fällt den Unternehmensgruppen noch am leichtesten. Außerdem treten die Unternehmensgruppen als Nachfrager von Hüttenaluminium auf und garantieren damit den neu gegründeten Unternehmen einen bestimmten Absatz. Schließlich sind die Unternehmensgruppen eher in der Lage, die mit der Errichtung von Aluminiumhütten verbundenen Risiken zu tragen, als kleinere Unternehmen[25].

Tab. 21: Der Anteil einzelner Unternehmen am Markt für Primäraluminium, 1950 - 1980 in %

Unternehmen	1950	1955	1960	1965	1970	1975	1980
Nippon Light Metal	64,9	48,5	47,9	38,8	28,6	29,1	18,5
Sumitomo Chemical[a)]	17,8	20,2	21,2	26,3	25,8	24,0	25,4
Showa Denko[b)]	17,3	31,3	30,9	25,3	24,7	19,2	14,1
Mitsubishi Chemical[c)]				9,6	19,9	20,1	20,8
Mitsui Aluminum					1,0	7,6	12,2
Sumikei Aluminum							9,0

a-c) Die Aluminiumbetriebe dieser chemischen Unternehmen wurden im Laufe der Zeit selbständige, mit der Muttergesellschaft jedoch noch verbundene Unternehmen; aus 1 wurde Somitomo Aluminum Smelting, aus 2 Showa Aluminum Smelting und aus 3 Mitsubishi Light Metal und später Ryoka Light Metal.

Quelle: Akira Goto, The Aluminium Industry in Japan. The Economic Society Sekei University, Discussion Paper Series No. 6, September 1984, S. 8.

[24] Die Aluminium-Unternehmen gehören folgenden Unternehmensgruppen an:
- — Nippon Light Metal : Daichi Kangin Group
- — Sumitomo Chemical : Sumitomo Group
- — Showa Denko : Fuji (Fuyo) Group
- — Mitsubishi Chemical: Mitsubishi Group
- — Mitsui Aluminium : Mitsui Group
- — Sumikei Aluminium : Sumitomo Group

[25] Vgl. Akira Goto, The Aluminium Industry in Japan, The Economic Society, Seikei University, Discussion Paper Series No. 6, September 1984, S. 14 ff.

5.2.2 Veränderung der internationalen Wettbewerbsfähigkeit

Seit ihrer Gründung war die japanische Aluminiumindustrie einem scharfen internationalen Wettbewerb ausgesetzt. Trotz höherer Energiekosten konnte sie sich aber auf dem heimischen Markt dank der niedrigeren Transportkosten, der Marktnähe und eines Zollschutzes bis zum Ende der sechziger Jahre gegenüber der ausländischen Konkurrenz weitgehend behaupten. Anfang der siebziger Jahre wurde die Wettbewerbsfähigkeit aber durch zwei Ereignisse zum ersten Mal geschwächt. Im Rahmen der Kennedy-Runde wurde 1971 der Zollschutz für die Aluminiumindustrie vermindert. Des weiteren war der Übergang zu flexiblen Wechselkursen mit einer Aufwertung des Yen von 360 Yen je US-Dollar auf 270 Yen je US-Dollar im Jahre 1973 verbunden, wodurch sich das importierte gegenüber dem heimischen Primäraluminium erheblich verbilligte.

Noch nachhaltiger als durch diese beiden Ereignisse wurde die Wettbewerbsfähigkeit der japanischen Aluminiumindustrie durch die erste und die zweite Ölpreiskrise beeinträchtigt. Während der ersten Ölpreiskrise stieg der Preis pro Barrel Öl von 4,75 US-$ im Jahre 1973 auf 12,05 US-$ im Jahre 1974 an. Ende der siebziger Jahre wurde der Ölpreis dann zum zweiten Mal drastisch angehoben, und zwar von 23,07 US-$ (1979) auf 34,61 US-$ (1980) und 38,24 US-$ (1981). Die Ölpreissteigerungen wirkten sich auf die japanische Aluminiumindustrie ungünstiger aus als auf die Industrie der anderen Länder. Dies hängt in erster Linie damit zusammen, daß die Reduzierung von Tonerde zu Aluminium in einem Elektrolyseverfahren äußerst energieintensiv ist. Nach Ermittlungen des International Primary Aluminium Institute wurden im Jahre 1981 in der westlichen Welt durchschnittlich 16 348 kWh und in Japan 15 000 kWh elektrische Energie pro Tonne Primäraluminium eingesetzt. Dementsprechend ist der Anteil der Energiekosten an den gesamten Produktionskosten hoch. Er belief sich im Durchschnitt der westlichen Welt auf 20-25%, in Japan dagegen aufgrund der hohen Energiepreise auf einen wesentlich höheren Prozentsatz[26]. Der hohe spezifische Stromverbrauch hat zur Folge, daß Länder, die in hohem Maße Öl bei der Stromerzeugung einsetzen, durch Ölpreissteigerungen erhebliche Wettbewerbseinbußen gegenüber anderen Ländern hinnehmen müssen. Dies ist in Japan der Fall. Im Jahre 1981 wurden 66 % des in der Aluminiumindustrie eingesetzten Stroms aus Öl gewonnen, in der westlichen Welt insgesamt dagegen nur 6,8% (vgl. Tabelle 22). Mitte der siebziger Jahre lag dieser Anteil in Japan noch höher.

Der in der Aluminiumindustrie eingesetzte Strom wurde 1981 zu 29,5% aus eigenen Kraftwerken bezogen, zu 56,7% aus Kraftwerken, die Aluminium- und Energieunternehmen gemeinsam gehören, und zu 13,8% fremd

[26] OECD, Aluminium Industry, Energy Aspects of Structural Change, Paris 1983, S. 8.

Tab. 22: Primärenergieeinsatz in der Aluminiumindustrie, 1981 in %

Primärenergie	Japan	USA	Kanada	Europa	Ozea-nien	Afrika	Latein-amerika	Asien	insge-samt
Wasserkraft	12,5	43,2	100,0	47,3	52,6	83,0	95,8	27,9	52,6
Kohle	17,9	41,7	-	26,0	47,4	17,0	-	21,9	27,5
Öl	66,0	1,1	-	7,9	-	-	1,6	2,9	6,8
Erdgas	0,5	7,7	-	7,1	-	-	2,7	47,3	7,2
Kernenergie	3,0	6,3	-	11,6	-	-	-	-	5,9

Quelle: OECD, Aluminium Industry, Energy Aspects of Structural Change, Paris 1983, S. 24.

bezogen[27]. Während in den ersten beiden Fällen Ölpreissteigerungen sich unmittelbar in den Ertragsrechnungen der Aluminium-Unternehmen niederschlagen, hängt dies im dritten Fall von der Strompreispolitik der japanischen Energiewirtschaft ab. Diese läßt sich als kostenbezogene Zuschlagskalkulation bezeichnen, die zudem Großabnehmer diskriminiert. Es gibt keine langfristigen Lieferverträge. Ölpreissteigerungen werden mit einer Frist von etwa zwei Monaten an die Abnehmer weitergegeben[28].

Die Ölpreissteigerungen hatten zur Folge, daß der Strompreis für die Aluminiumindustrie — setzt man 1973 mit 100 an — auf 210 (1975), 265 (1977), 255 (1979), 450 (1981) und 520 (1982) anstieg[29]. Im Jahre 1980 mußten japanische Erzeuger pro kWh etwa 14 Yen zahlen. Hersteller in der Bundesrepublik Deutschland mußten demgegenüber nur 7-8 Yen, in den USA 4-5 Yen und in Kanada 1-2 Yen pro kWh ausgeben[30].

Die aufwertungs- und strompreisbedingte Verschlechterung der Wettbewerbsfähigkeit der japanischen Aluminiumindustrie führte in den Jahren 1974 bis 1977 noch nicht zu einem Importanstieg von Primäraluminium. Erst 1978 stiegen die Importe sprungartig an. Die Aluminiumindustrie machte Verluste. Es erwies sich als notwendig, die Aluminiumindustrie in die staatliche Strukturanpassungspolitik einzubeziehen.

5.2.3 Die staatliche Strukturanpassungspolitik von 1978 bis 1983 und ihre Ergebnisse

Die Entscheidung, die Produktionskapazitäten der Aluminiumindustrie an die veränderten Marktbedingungen anzupassen und sie nicht durch protektionistische Maßnahmen auf dem Mitte der siebziger Jahre erreichten hohen Niveau zu erhalten, ging auf folgende Faktoren zurück:

— den offensichtlichen Verlust an internationaler Wettbewerbsfähigkeit der Aluminiumindustrie;

— die Verteuerung von Primäraluminium im Falle protektionistischer Maßnahmen und die damit verbundenen Belastungen der weiterverarbeitenden Industrie;

— die durch Auslandsinvestitionen japanischer Aluminiumunternehmen erhöhte Versorgungssicherheit auf den Importmärkten;

---

[27] Vgl. Akiro Goto, a.a.O., S. 30.

[28] Vgl. Akiro Goto, a.a.O., S. 29 ff.

[29] Vgl. OECD, Aluminium Industry Energy Aspects of Structural Change, a.a.O., S. 39.

[30] Vgl. Takehiko Hayashi, Japanese Aluminium Industry Struggling for Survival, in: Keidanren Review, No. 79, February 1983, S. 3.

— die geringe Beschäftigtenzahl in der Aluminiumindustrie, die eine Anpassung ohne große Probleme und Widerstände erlaubte, sowie

— den Druck der amerikanischen Regierung mit dem Ziel, protektionistische Maßnahmen von seiten der Japaner zu verhindern[31].

Im Jahre 1978 wurde die Aluminiumindustrie durch das Krisenbranchen-Stabilisierungsgesetz zu einem strukturschwachen Industriezweig erklärt. In dem Stabilisierungsplan wurde festgelegt, die Produktionskapazitäten in Höhe von 1 642 000 t (1977)[32] um 530 000 t zu reduzieren (vgl. Tabelle 3). Die beiden allgemeinen, im Gesetz vorgesehenen Instrumente kamen nicht zur Anwendung. Weder war es erforderlich, daß MITI eine Kartellabsprache anordnen mußte, noch nahm die Industrie staatliche Kreditgarantien in Anspruch. Es wurden aber einige Maßnahmen durchgeführt, die der Stabilisierungsplan speziell für die Sanierung der Aluminiumindustrie vorgesehen hatte[33]. Zwei Arten von Maßnahmen lassen sich hierbei unterscheiden: kurzfristig angelegte Überlebenshilfen mit dem Ziel, die Phase des Kapazitätsabbaus zu überbrücken, sowie Maßnahmen zur langfristigen Revitalisierung der Aluminiumindustrie.

Die kurzfristigen Maßnahmen beinhalteten zum einen die Errichtung eines Zollquotensystems. Mit diesem wurde das Ziel verfolgt, den Kapazitätsabbau in der Aluminiumindustrie finanziell abzusichern und zu verhindern, daß die in starkem Maße fremdfinanzierten Unternehmen ihre Zins- und Amortisationszahlungen nicht mehr leisten können und Konkurs anmelden müssen. Das 1978 und 1979 gültige Zollquotensystem sah vor, daß die Importeure von Primäraluminium nicht den üblichen Importzoll von 9%, sondern nur 5,5% für Importe in einer Höhe zahlten, die dem Produktionsäquivalent des im Stabilisierungsplan vorgesehenen Kapazitätsabbaus entsprach. Darüber hinausgehende Importmengen mußten weiterhin mit 9% verzollt werden. Die Importeure ihrerseits hatten einen den Zolleinsparungen entsprechenden Betrag an den für diese Zwecke gegründeten Fonds für Strukturverbesserungen in der Aluminiumindustrie zu entrichten. Dieser wiederum leistete Subventionszahlungen an die Aluminiumindustrie. Der Anteil der einzelnen Unternehmen an diesen Subventionszahlungen bemaß sich nach dem Bruttowert der abgebauten Produktionsanlagen.

Nachdem das Zollquotensystem 1980 und 1981 nicht zur Anwendung kam, wurde es Ende 1981, als eine weitere Reduzierung der Produktionskapazitäten in Höhe von 400 000 t notwendig geworden war, in allerdings modifizierter Form wieder eingeführt. Die neue Regelung beinhaltete, daß

[31] Vgl. Akiro Goto, a.a.O., S. 44 ff.

[32] Die Kapazitätsangabe der „Fair Trade Commission" (vgl. Tabelle 3) weicht von der der „Japan Aluminium Federation" (vgl. Tabelle 20) ab. Der Grund hierfür konnte nicht ermittelt werden.

[33] Vgl. auch Amelia Porges, a.a.O., S. 27 ff.

Aluminiumunternehmen, die Primäraluminium importierten, bis zur Höhe der von ihnen abgebauten Produktionskapazitäten vom Importzoll gänzlich befreit wurden. Dieses Zollbefreiungssystem war in den Fiskaljahren 1982 und 1983 gültig[34].

Durch das Zollquoten- und das Zollbefreiungssystem flossen der Aluminiumindustrie insgesamt 28 Mrd. Yen zu. Die Verluste der Aluminiumindustrie beliefen sich zwischen 1976 und 1983 auf 186 Mrd. Yen. Diese Gegenüberstellung zeigt, daß durch die staatlichen Subventionen nur ein Teil der Anpassungskosten der Aluminiumindustrie abgedeckt wurde, die Hauptlasten hatten die Aluminiumunternehmen und ihre Muttergesellschaften zu tragen[35].

Neben dem Zollquoten- und Zollbefreiungssystem wurde die Aluminiumindustrie dadurch gestützt, daß die „Gesellschaft zur Lagerhaltung von Leichtmetall" 67 000 t Primäraluminium im Werte von 61,6 Mrd. Yen zwischen 1976 und 1983 kaufte. Außerdem gewährte die „Japan Development Bank" zinsgünstige Kredite.

Zur Förderung der Revitalisierung der Aluminiumindustrie wurden Subventionen vergeben. Diese dienten der Umstellung von Öl auf Kohle in den gemeinsam mit der Elektrizitätswirtschaft betriebenen Kraftwerken sowie der Entwicklung neuer Prozeßtechnologien[36].

Nachdem die japanische Aluminiumindustrie immer wieder ohne Erfolg versucht hatte, eine Subventionierung der Strompreise zur Verbesserung ihrer Wettbewerbsfähigkeit durchzusetzen, hat sie die Notwendigkeit einer Reduzierung der Produktionskapazitäten akzeptiert. Nach Verabschiedung des Stabilisierungsplanes im Jahre 1978 baute sie ihre Kapazitäten in der zweiten Hälfte von 1978 und im Jahre 1979 um 470 000 t ab. Die Kapazitätsauslastung stieg von knapp 65% (1978) auf etwa 90% in den Jahren 1979 und 1980 an. Trotz steigender Importe konnte die Produktion dank höherer Inlandsnachfrage und zunehmender Lagerhaltung auf dem bisherigen Niveau gehalten werden (vgl. Tabelle 20).

Ausgelöst durch die zweite Ölpreiskrise kam es 1981 zu einem erneuten Einbruch der Aluminiumindustrie. Die Importe stiegen um weitere 200 000 t an, die Produktion ging auf 665 000 t zurück, die Kapazitätsauslastung fiel auf 58,5% ab (vgl. Tabelle 20). Angesichts der nochmaligen Verschlechterung der Wettbewerbsfähigkeit sahen sich MITI und die Aluminiumindustrie veranlaßt, die Produktionskapazitäten ein weiteres Mal zu reduzieren. Der 1981 verabschiedete Stabilisierungsplan beinhaltete, die Kapazitäten um

[34] Vgl. Asahi vom 19. Dezember 1981 und Nihon Keizai Shimbun vom 22. Dezember 1981.

[35] Vgl. Akira Goto, a.a.O., S. 47.

[36] Vgl. Akira Goto, a.a.O., S. 39 f.

400 000 t von 1 100 000 t auf 700 000 t im Jahr 1985 abzubauen[37]. Dieses Ziel wurde schon 1983 erreicht.

Der Strukturanpassungsprozeß in der Aluminiumindustrie war mit der Schließung von sieben Aluminiumhütten verbunden. Fünf wurden verschrottet, zwei weitere werden nicht mehr betrieben[38]. Das „Sumitomo Aluminium“ Unternehmen wurde 1982 geschlossen, so daß im Jahre 1983 noch fünf Unternehmen mit sieben Produktionsstätten existierten. Aber auch diese waren im Anpassungsprozeß teilweise erheblich reduziert worden. Lediglich die Aluminiumhütte Kambara in der Präfektur Shizuoka, die ein eigenes Wasserkraftwerk besitzt, die Produktionsstätte der „Mitsui Aluminium“ in Miike (Präfektur Fukuoka), die zur Elektrizitätserzeugung Kohlenstaub einsetzt, und das Werk in Toyo (Präfektur Ehime) verminderten ihre Kapazität nur wenig oder gar nicht (vgl. Tabelle 23). Die zuerst genannten Hütten arbeiten wegen der niedrigen Stromgestehungskosten am rentabelsten und dürften auch auf längere Sicht international wettbewerbsfähig bleiben. Das betriebsspezifische Vorgehen beim Kapazitätsabbau zeigt, daß Rentabilitätsüberlegungen hierbei in starkem Maße berücksichtigt wurden.

Der Kapazitätsabbau in der Aluminiumindustrie war mit einer erheblichen Reduzierung der Beschäftigtenzahlen verbunden. Wurden 1977 noch 9 800 Arbeitskräfte bei der Herstellung von Primäraluminium eingesetzt, so verminderte sich die Zahl bis 1983 auf 3 700. Die nicht mehr benötigten Arbeitskräfte wurden überwiegend in anderen Betrieben der jeweiligen Unternehmensgruppe eingesetzt.

Die Anpassung der japanischen Aluminiumindustrie an die veränderten Wettbewerbsbedingungen erfolgte nicht nur über den Abbau von Produktionskapazitäten im Inland, sondern auch über die Errichtung neuer Produktionsstätten in Ländern mit günstigen Standortbedingungen. Mit profitablen Auslandsinvestitionen versuchten die Aluminiumfirmen ihre schlechte Ertragslage zu verbessern. Die Regierung versprach sich von diesen Investitionen eine größere Versorgungssicherheit bei Primäraluminium. Um Auslandsinvestitionen zu fördern, befreit sie seit 1982 die Importe japanischer Aluminiumunternehmen von ihren ausländischen Tochtergesellschaften von Einfuhrzöllen. Die japanische Aluminiumindustrie hat Hütten in Neuseeland, Kanada, Venezuela, USA, Indonesien, Australien und Brasilien errichtet. Hierbei handelt es sich ausschließlich um „joint ventures“. Nach Fertigstellung des Werkes in Brasilien im Jahr 1985 wird die Produktionskapazität der Auslandsprojekte auf 1 547 000 t angewachsen sein. Japan wird dann

[37] Vgl. Merit E. Janow, Thomas Pepper, a.a.O., S. 31.

[38] Bei der Berechnung der Produktionskapazität des Jahres 1983 wurden diese beiden Hütten miterfaßt. Ohne diese stillgelegten Werke belief sich die Produktionskapazität nur auf 596 000 t. Geht man von dieser Zahl aus, so wurden zwischen 1977 und 1983 Produktionskapazitäten in Höhe von 1 046 000 t abgebaut.

780 000 t Primäraluminium von japanischen Tochtergesellschaften im Ausland importieren (vgl. Tabelle 24).

Tab. 23: Produktionskapazitäten in der Aluminiumindustrie nach Unternehmen und Produktionsstätten in 1000 t

Unternehmen	Produktionsstätten	1977	Juni 1983
Nippon Light Metal	Kambara	95	64
	Niigata	148	0
	Tomakomai	134	72
	insgesamt	377	136
Showa Light Metal	Kitakata[a)]	29	17
	Omachi	43	0
	Chiba	170	58
	insgesamt	242	75
Sumitomo Aluminum	Nagoya	53	0
	Isoura	79	0
	Toyama	177	82
	Toyo	99	99
	insgesamt	408	181
Mitsubishi Light Metal	Naoetsu	160	0
	Sakaide	192	77
	insgesamt	352	77
Mitsui Aluminum	Miike	164	144
Sumikei Aluminum[b)]	Sakata	99	99
Insgesamt		1642	712

a) Die Aluminiumhütte war 1983 nicht mehr in Betrieb, wurde aber noch nicht verschrottet.

b) Das Unternehmen wurde 1982 aufgelöst, die Aluminiumhütte aber noch nicht verschrottet.

Quelle: Nacki Tanaka, Aluminium Industry, in: Ryutaro Komiya, Masihiro Okuno, Kohtaro Suzumura (Eds.), Japan's Industrial Policy (in Japanese), Tokyo 1984, S. 403; Asahi vom 22. Oktober 1982; Nihon Keizai vom 14. November 1982.

Tab. 24: Auslandsprojekte der japanischen Aluminiumindustrie

Projekte	Produktions-kapazität 1000 t/Jahr	Importe Japans 1000 t/Jahr	Energie-quelle	Fertig-stel-lung	Kapitalbeteiligung	
Enzus (Neuseeland)	244	101	Wasserkraft	1982	Showa, Sumitomo Comalco	41,28 % 58,72 %
Alpac (Kanada)	90	45	Wasserkraft	1977	Nippon Light Metal Alcan	50 % 50 %
Venalum (Venezuela)	280	160	Wasserkraft	1980	Showa, Mitsubishi Sumitomo CVG, FIV	20 % 80 %
Almax S.C. (USA)	180	45	Kohle	1980	Mitsui Almax	25 % 75 %
Asahan (Indonesien)	225	255-a[a)]	Wasserkraft	1982	Jap.Konsortium	75 %
Boyne (Australien)	208	104	Kohle	1982	Sumitomo, Kobe Steel, Yoshida K.K., Mitsubishi Comalco, Kaiser	50 % 50 %
Albras (Brasilien)	320	157	Wasserkraft	1985	Amazon Brasil.Konsortium	49 % 51 %
Insgesamt	1547	780[b)]				

a) a = Bezüge Indonesiens und nicht ausgelastete Kapazitäten.

b) Bei a= 57 000 t/Jahr.

Quelle: Japan Aluminium Federation, The Present Situation of the Japanese Aluminium Industry, Tokyo 1984, S. 10;
in: Keidanren Review No. 79, Febr. 1983, S. 8.

5.2.4 Einbeziehung in das Branchenstruktur-Verbesserungsgesetz 1983

Trotz einer Reduzierung der Produktionskapazitäten auf gut 700 000 t sank der Auslastungsgrad in der Aluminiumindustrie auf 36% im Jahre 1983 ab. Die Produktion war auf 264 000 t gefallen, die Einfuhr auf 1 379 000 t angestiegen. Angesichts dieser Entwicklung wurde die Aluminiumindustrie erneut in die Strukturanpassungspolitik einbezogen. Der Unterausschuß für Aluminium des „Industrial Structure Council" sah jedoch Mitte 1983 — angesichts günstigerer Weltmarktperspektiven — keine Notwendigkeit, die Produktionskapazitäten über die seit 1977 realisierten 930 000 t hinaus nochmals zu reduzieren. Man hoffte, die bestehenden Kapazitäten von 700 000 t erhalten zu können. Um die Wettbewerbsfähigkeit der Aluminiumindustrie zu verbessern, wurde ihr gestattet, Produktionsabsprachen zu treffen, um die effizientesten Anlagen besser auslasten zu können. Auch sah der Strukturverbesserungsplan die Bildung von gemeinsamen Einkaufsgesellschaften zur Verbilligung der Einfuhr von Tonerde vor. Darüber hinaus sollte die Substitution von Öl durch Kohle bei der Energieerzeugung sowie die Weiterentwicklung des Elektrolyseverfahrens von staatlicher Seite weiter gefördert werden[39].

Der Plan, die bestehenden Produktionskapazitäten zu erhalten, wurde Ende 1984 aufgegeben. Bei Erzeugerpreisen von 400 000 Yen pro Tonne japanisches Aluminium und einem Preis von etwa 320 000 Yen/t für ausländisches Aluminium auf dem japanischen Markt war ein weiterer Abbau der Kapazitäten unumgänglich. Es wurde beschlossen, die Kapazitäten auf 350 000 t bis 1987/88 zu senken. Welche Anlagen geschlossen werden sollen, steht noch nicht fest[40]. Experten gehen davon aus, daß letztendlich nur die kostengünstigen Anlagen in Kambara und Miiki und eventuell das für die Herstellung elektrischer Kabel produzierende Werk in Ciba bestehen bleiben. Die gesamte Produktionskapazität würde sich damit auf 200 000 - 250 000 t reduzieren.

5.3 Stahlindustrie (Elektrostahlverfahren)

5.3.1 Entwicklung und Struktur

Auch die japanische Stahlindustrie leidet als Folge der Ölpreiskrise und der darauf zurückzuführenden weltweiten Wachstumsabschwächung unter rückläufiger Nachfrage und zu großen Kapazitäten, wenngleich die Pro-

[39] Vgl. Yomiuri vom 6. Juni 1983 sowie William V. Rapp, a.a.O., S. 27.

[40] Vgl. BfA, NfA vom 15. Januar 1985.

bleme geringer erscheinen als die der Konkurrenz in Westeuropa und den USA. In den fünfziger und sechziger Jahren war die Stahlindustrie von der Regierung als Basissektor für die Industrialisierung massiv gefördert worden. Die staatlichen Hilfsmaßnahmen umfaßten Kredite der „Japan Development Bank" zu Vorzugsbedingungen, die wiederum bewirkten, daß die Stahlfirmen verbesserten Zugang zu den in den beiden ersten Nachkriegsjahrzehnten sehr knappen Krediten der Geschäftsbanken hatten. Den Stahlherstellern wurden darüberhinaus auch vor 1964 — bis zu diesem Jahr waren alle Auslandsaktivitäten genehmigungspflichtig — bevorzugt Devisen für die Rohstoffbeschaffung und für Direktinvestitionen im Ausland zur Verfügung gestellt. Bis 1976 konnten die Stahlgesellschaften auf genehmigte Ausrüstungsinvestitionen im ersten Jahr 25% des Anschaffungswertes abschreiben. Für besonders günstige Exportergebnisse wurden — gestaffelt — Extra-Abschreibungen gewährt.

Diese staatlichen Vergünstigungen haben den schnellen Ausbau der Kapazitäten der japanischen Stahlindustrie zweifellos kräftig unterstützt, die entscheidenden Anstöße kamen jedoch von den Unternehmen selbst, die der künftigen Wirtschaftsentwicklung mit großem Optimismus entgegensahen und innerhalb Japans in starkem Wettbewerb miteinander standen. „Japan's steel program was a joint venture among the steel companies, the Ministry of International Trade and Industry (MITI), and the Ministry of Finance"[41].

Im Jahre 1973 hatte die japanische Stahlindustrie mit knapp 120 Mill. t Rohstahl die absolute Produktionsspitze erreicht. Bedingt durch die beiden Ölpreisschocks und die davon ausgehende weltweite Abschwächung des Wirtschaftswachstums sank die Produktion bis Anfang der achtziger Jahre auf unter 100 Mill. t ab, bei einer Gesamtkapazität von knapp 160 Mill. t[42]. Die Importe nahmen stark zu (Tabelle 25). 1977/78 stellten die fünf großen integrierten Stahlwerke (Nippon Steel Corp., Nippon Kokan, Sumitomo Metal Indus., Kobe Steel, Kawasaki Steel) ihre Dividendenzahlungen ein. In dieser Zeit wurde die Notwendigkeit der Bildung eines Krisenkartells der Rohstahlhersteller heftig diskutiert, ohne daß es schließlich hierzu gekommen wäre.

Trotz der tendenziell rückläufigen Rohstahlproduktion und einer geringen Auslastung der Kapazitäten (1984: zwischen 60 und 65%) wurde die Stahlindustrie in Japan weder Ende der siebziger Jahre noch in den achtziger Jahren

[41] Vgl. Eleanor M. Hadley, The Secret of Japan's Success, in: Challenge, May-June 1983, p. 4 ff.

[42] Die Kapazitäten für die Rohstahlerzeugung sind bis 1977 gewachsen; sie entwickelten sich wie folgt (in Klammern die jeweilige Auslastung): 1973 : 139,0 (85,8 %) Mill.t; 1977 : 167,5 Mill.t (61,1 %); 1980 : 158,7 Mill.t (70,2 %); 1984 : 156,1 Mill.t (62,1 %); (Vgl. Japan Metal Bulletin, published by the Sangyo Press, Ltd., Tokyo Office, No. 4634, February 16, 1985.)

ıb. 25: Entwicklung der Marktversorgung mit Stahl in Japan, 1960 - 1984
- in 1000 t Rohstahläquivalent -

Kalender-jahr	Rohstahl-produktion	Import	Export	Inlands-versorgung
1960	22 138	308	3 144	19 302
1965	41 161	32	12 705	28 488
1970	93 322	126	22 323	71 125
1973	119 322	244	30 247	89 319
1974	117 131	254	38 409	78 976
1975	102 313	120	34 353	68 080
1976	107 399	176	42 355	65 220
1977	102 405	249	39 449	63 205
1978	102 105	410	35 863	66 652
1979	111 748	1 612	35 197	78 163
1980	111 395	1 273	33 661	79 007
1981	101 676	1 646	32 186	71 136
1982	99 548	2 135	32 179	69 504
1983	97 179	2 914	34 479	65 614
1984	105 586	4 242	35 431	74 367

Quelle: The Japan Iron & Steel Federation (JISF), The Steel Industry of Japan 1984.

in ihrer Gesamtheit zu den strukturschwachen, schrumpfenden Sektoren gezählt[43]. Sie hat in den letzten Jahren große Anstrengungen unternommen, den Rationalisierungsprozeß in allen betrieblichen Bereichen voranzutreiben. Diese waren vor allem auf die Modernisierung der Anlagen, die Verbesserung der Fertigungstechnologie und die Mechanisierung der Büro- und Lagerfazilitäten gerichtet. Mit dem Instrument der Bildung kleiner Gruppen von Mitarbeitern, die sich um die Verbesserung des Arbeitsablaufs bemühen, wurden nach Einschätzung des Verbandes der Stahlindustrie sehr gute Erfolge erzielt. Im Jahre 1983 wurden 30 000 solcher Gruppen gezählt, in denen rd. 180 000 Beschäftigte mitarbeiteten. Parallel zur Entwicklung rohstoff- und energiesparender Technologien wurde der Entwicklung neuer, mit höherer Wertschöpfung ausgestatteter Produkte Priorität gegeben, um den diversifizierteren Ansprüchen der Kunden Rechnung tragen zu können. Die Palette reicht von beschichteten Blechen und Flachprodukten bis hin zu korrosionsfesteren Qualitäten, wie sie u. a. künftig in der Off-shore-Technik verstärkt benötigt werden.

[43] Vgl. z. B. „A Time of Tempering", Interview by Jack Russell with Japan Steel Federation Chairman Eishiro Saito, in: Journal of Japanese Trade & Industry, No. 6/1982 S. 39 ff.

5.3.2 Die besondere Situation der klein- und mittelbetrieblichen Elektrostahlindustrie

Akuter Bedarf an Anpassungsmaßnahmen mit staatlicher Hilfe wurde Mitte der siebziger Jahre und wird auch heute lediglich für den Bereich der Elektrostahl-Produzenten gesehen, soweit sie nicht vorwiegend Edelstahl herstellen. Auf den ersten Blick erstaunt dies, da das Elektrostahlverfahren gegenüber dem Oxygenstahlverfahren seit 1973 anteilsmäßig erheblich an Bedeutung gewonnen und bis zuletzt absolute Produktionszuwächse zu verzeichnen hatte (vgl. Tabelle 26). Der Grund dafür, daß nur der Elektrostahlsektor als strukturschwacher Bereich eingestuft wird, der auf staatliche Hilfe bei der Anpassung an die veränderten Marktgegebenheiten angewiesen ist, dürfte darin liegen, daß hier zahlreiche kleine und mittlere Betriebe tätig sind, von denen nur wenige zu einem der großen Konzerne bzw. einer mächtigen Unternehmensgruppe der japanischen Wirtschaft gehören. Sie versorgen als Lieferanten von Stabstahlprofilen (leichten Profilen), insbesondere für die Bauwirtschaft, lediglich einen eng begrenzten Markt, der besonders instabil ist. Die Elektrostahlhersteller konkurrieren untereinander aufgrund ihrer geringen Produktdifferenzierung um diesen schmalen Markt mit großer Härte. Erschwerend kommt hinzu, daß auch die Preise für Schrott — dem mit Abstand wichtigsten Rohstoff der Elektrostahlhersteller — erheblich schwanken. Die internationale Wettbewerbsfähigkeit — die Exportquote beträgt etwa 25%, importiert werden Stabstahlprofile nicht — wird durch die (verglichen mit konkurrierenden Ländern) extrem hohen, staatlich nicht subventionierten Strompreise beeinträchtigt. Insgesamt haben sich die Kapazitäten der Erzeuger von Stabstahlprofilen seit Mitte der siebziger Jahre zunehmend als zu groß erwiesen.

Insbesondere in den Jahren 1975 bis 1977 haben zahlreiche der damals knapp 70 Unternehmen erhebliche Verluste erwirtschaftet. Eine Kapazitätsverringerung sowie eine spürbare Produktivitätssteigerung durch die Konzentration der Produktion auf weniger Öfen schien nach übereinstimmender Meinung der Industrie und des MITI dringend erforderlich. Kritisch war insbesondere die Situation bei der Herstellung von Massenstahl-Erzeugnissen, so daß sich die Anpassungsmaßnahmen im Rahmen des 1978 in Kraft getretenen Krisenbranchen-Stabilisierungsgesetzes und auch des Branchenstruktur-Verbesserungsgesetzes von 1983 nur darauf, nicht aber auf die — quantitativ weniger bedeutende Produktion von Edelstahl bezogen.

Tab. 26: Entwicklung der Rohstahlproduktion nach Herstellungsverfahren

Kalenderjahr	Elektrostahl		Siemens-Martinstahl		Oxygenstahl		Rohstahl insgesamt	
	Mill.t	%	Mill.t	%	Mill. t	%	Mill.t	%
1973	21,48	18,0	1,85	1,5	96,06	80,5	119,32	100
1974	20,89	17,8	1,55	1,4	94,69	80,8	117,13	100
1975	16,78	16,4	1,10	1,1	84,43	82,5	102,31	100
1976	20,02	18,6	0,49	0,5	86,89	80,9	107,40	100
1977	19,60	19,1	0,38	0,4	82,43	80,5	102,41	100
1978	22,36	21,9	-	-	79,75	78,1	102,11	100
1979	26,38	23,6	-	-	85,37	76,4	111,75	100
1980	27,25	24,5	-	-	84,15	75,5	111,40	100
1981	25,20	24,8	-	-	76,48	75,2	101,68	100
1982	26,49	26,6	-	-	73,06	73,4	99,55	100
1983	27,63	28,4	-	-	69,55	72,6	97,18	100
1984	29,23	27,7	-	-	76,36	72,3	105,59	100

Quelle: The Japan Iron & Steel Federation (JISF), The Steel Industry of Japan 1984 und Monthly Report of the Iron and Steel Statistics

5.3.3 Ziele, Maßnahmen und Ergebnisse der Anpassungspolitik von 1978

In die Strukturanpassungsgesetzgebung 1978 ist der Elektrostahlsektor zusammen mit dem schon damals nur mehr eine unwesentliche Rolle spielenden Siemens-Martin-Stahl[44] als einer der sieben Modellfälle strukturschwacher Industriezweige aufgenommen worden[45]. Der nach Stellungnahme des eingesetzten Beratergremiums von MITI und den Vertretern der Elektrostahlindustrie aufgestellte und im August 1978 verabschiedete „Stabilisierungsplan“ sah vor, die Produktionskapazitäten für Stabstahlprofile bis Ende März 1980 durch Stillegungen bzw. Verschrottung von Öfen sowie durch Betriebsaufgaben drastisch abzubauen. Neuerrichtungen von Werken und Erweiterungen bestehender Anlagen wurden untersagt. Durch Rationalisierung und Energieeinsparung sollten die Produktionskosten gesenkt werden. Die Unternehmen wurden angewiesen, im Zuge der Durchführung dieses Anpassungsprogramms der Stabilität der Beschäftigung besonderes Augenmerk zu schenken.

[44] Die noch in Betrieb befindlichen wenigen Siemens-Martin-Öfen hatten zu diesem Zeitpunkt eine Kapazitätsauslastung von weniger als 50 %.

[45] Sieben weitere Sektoren kamen nach Verabschiedung des Gesetzes hinaus.

Die im Stabilisierungsplan niedergelegte Prognose der relevanten Nachfrage nach Stabstahlprofilen im Jahre 1980 wies eine Spannweite von 19,9 bis 21,6 Mill. t auf. Es wurde angenommen, daß davon 16,2 bis 17,9 Mill. t auf die Elektrostahlhersteller entfallen und etwa 3,7 Mill. t auf der Basis anderer Stahlherstellungsverfahren (Oxygenstahl) erzeugt werden. Allein die von den Strukturanpassungsmaßnahmen betroffenen Hersteller von Elektrostahl verfügten aber 1978 über Produktionskapazitäten in der Größenordnung von 21 Mill. t[46]. Die rechnerische „Überkapazität" lag demnach zwischen 3,1 und 4,8 Mill. t[47]. Der Stabilisierungsplan sah eine Kapazitätsreduzierung bis März 1981 in Höhe von 2,85 Mill.t vor, d. s. — gemessen an der Kapazität des Jahres 1978 — 14%.

Für den beabsichtigten Kapazitätsabbau war zwischen MITI und der Industrie ein detaillierter Plan festgelegt worden: Von den damals noch bestehenden 62 Elektrostahlherstellern mit insgesamt 146 Öfen erklärten sich 17 Unternehmen bereit, ihre Kapazitäten um zusammen rd. 2,2 Mill. t zu verringern., 2 Unternehmen mit einer Kapazität von 200 000 t hatten zu diesem Zeitpunkt die Produktion bereits ganz eingestellt, und 15 Unternehmen verpflichteten sich, von ihren nicht mehr in Betrieb befindlichen Anlagen in der Größenordnung von 1,6 Mill. t Kapazitäten in Höhe von etwa 650 000 t ganz abzubauen bzw. auf Dauer stillzulegen. Dies hätte einer Kapazitätsverringerung von insgesamt 3,04 Millionen entsprochen[48]. Ein Kartell zur Erreichung dieses Ziels, wie es nach dem Strukturanpassungsgesetz möglich gewesen wäre, wurde nicht gebildet. Auch staatliche Kreditgarantien wurden nicht in Anspruch genommen.

Tatsächlich hatten die Elektrostahlhersteller bis Ende 1982 Produktionsanlagen mit einer Kapazität von 2,86 Mill.t verschrottet (vgl. Tabelle 27). Die Zahl der Öfen hatte sich von 146 im Jahre 1978 auf 115 Ende März 1983

---

[46] Die Kapazitäten der gesamten Elektrostahlindustrie (einschl. der Herstellung von Edelstahl) betrugen im selben Jahr 28,8 Mill.t (vgl. Japan Metal Bulletin, published by the Sangyo Press, Ltd., Tokyo Office, No. 4634, February 16, 1985), denen eine Produktion von 22,4 Mill.t gegenüberstand (vgl. Tabelle 26).

[47] Vgl. Antei-Kihon-Keikaku, in: Hutsuko Denro, No. 2/August 1978.

[48] Der Prozeß der Konsensbildung über den Kapazitätsabbau verlief nicht ohne Reibungen. Ein starker Außenseiter, die „Tokyo Steel Manufacturing Ltd.", mit einem Marktanteil von etwa 10 %, konnte nicht einbezogen werden. Der Managing Director, Hideo Ozeki, begründete das so: „I don't see the industry as structurally depressed. We haven't lost our international competitiveness yet. It's just a temporary problem of oversupply." Der Präsident einer der größeren konkurrierenden Gesellschaften äußerte sich dazu wie folgt: „Selbst wenn alle übrigen Gesellschaften ihre Kapazitäten abbauen, ist das ohne Bedeutung, wenn Tokyo Steel Manufacturing seine Produktionsanlagen vergrößert." Tokyo Steel Manufacturing widersetzte sich auch dem Vorschlag des Stahlverbandes, die größeren Produzenten sollten den kleineren eine Entschädigung (40 Dollar für jede verschrottete Tonne Kapazität) für die Aufgabe der Produktion zahlen (vgl. hierzu: Edward Boyer, How Japan Manages Declining Industries, in: Fortune, January 10, 1983).

verringert (vgl. Tabelle 28)[49]. Dennoch hat sich die Produktionskapazität — entgegen den Intentionen von MITI — insgesamt kräftig erhöht. Mitte 1982 betrug die Kapazität für Stabstahlprofile in der Elektrostahlindustrie 26,7 Mill. t, die nur zu 75,4% ausgelastet war; die relevante Produktion lag 1983 bei über 20 Mill. t (vgl. Tabelle 29). Die umfangreichen Rationalisierungsinvestitionen (insbesondere zur Energieeinsparung) und verbesserte Produktionsverfahren führten nämlich dazu, daß sich die Produktionskapazitäten erhöhten, ohne daß neue Anlagen errichtet wurden (vgl. Tabelle 27). Offensichtlich befürchteten die wettbewerbsstärkeren Hersteller, als Folge des vereinbarten Kapazitätsabbaus Marktanteile zu verlieren. Betrieben sie mehrere Öfen, haben sie zwar den oder die älteren stillgelegt, gleichzeitig aber häufig die Leistungsfähigkeit der übrigen erhöht oder diese durch moderne ersetzt[50]. Trotz des damit verbundenen Rationalisierungserfolges muß somit festgestellt werden, daß das Ziel des Kapazitätsabbaus nicht erreicht wurde, sondern daß sich im Gegenteil die Situation noch verschärft hat, obwohl andererseits die Entwicklung der Nachfrage nach Stabstahlprofilen und der Produktion des Jahres 1980 relativ zutreffend vorausgeschätzt worden waren.

Die unverändert schwierige Situation hat Anfang 1981 51 kleine und mittlere Hersteller von Stabstahlprofilen für die Bauwirtschaft veranlaßt, mit Genehmigung des MITI und der „Fair Trade Commission" ein Kartell zu gründen, um die sinkenden Preise für ihre Erzeugnisse zu stabilisieren. Für einen Zeitraum von sechs Monaten wollten die Kartellmitglieder monatlich nur etwa 60% ihres bisher besten Monatsergebnisses, dies war der März 1980 mit einer Produktion von 780 000 t, erzeugen. Ende 1981 wurde dieses Rezessionskartell für mittelständische Hersteller von Stabstahl über den ursprünglich festgelegten Auslauftermin (31.10.81) hinaus bis zum 31. 3. 82 verlängert[51].

Die Zahl der Elektrostahlhersteller ist zwischen März 1977 und März 1984 von 69 auf 55 (26 große sowie 29 kleine und mittlere) zurückgegangen. Während die technischen Produktionskapazitäten je Unternehmen deutlich zugenommen haben (von rund 300 000 t im Jahre 1977 auf 490 000 t im Jahre 1984), ist die durchschnittliche Betriebsgröße — an der Beschäftigtenzahl gemessen — kleiner geworden (vgl. Tabelle 30). Die Zahl der Beschäftigten hat sich von 35 000 auf 27 000 verringert. Der Prozeß der Beschäftigungsan-

[49] Aus Tabelle 28 wird deutlich, daß fast ausschließlich die Zahl der kleineren Öfen (mit einer Kapazität von weniger als 10 t) reduziert wurde. Da offensichtlich auch wenig Ersatzinvestitionen durchgeführt wurden, hat sich die Altersstruktur insgesamt deutlich verschlechtert.

[50] Vgl. Edward Boyer, a.a.O.

[51] Bereits früher (September 1975 bis April 1976 und Mai 1977 bis August 1977) hatte es in diesem Bereich Rezessionskartelle gegeben.

passung verlief nicht immer ohne Reibungsverluste, wurde jedoch durch die in Japan gebräuchlichen Abfindungsprogramme bei vorzeitigem Ausscheiden von Arbeitskräften sozial abgefedert[52].

Tab. 27: Die tatsächliche und die bis 1988 geplante Entwicklung der Kapazitäten für Stabstahlprofile in der Elektroindustrie

	Einheit	1978	1979	1980 (Fiskaljahre)	1981	1982	Zeitraum 1978-82	Planperiode 1983-88
Kapazität zu Jahresbeginn (1.April)	1000 t	20 790	20 260	22 460	24 770	26 010	20 790 b)	26 700 c)
Kapazitätsabbau	1000 t	2 720	-	-	-	140	2 860	3 800 d)
Kapazitätserhöhung a)	1000 t	2 190	2 200	2 310	1 240	840	8 780	900
Kapazität am Jahresende (31.März)	1000 t	20 260	22 460	24 770	26 010	26 710	26 710	23 800 e)
Produktion	1000 t	17 110	20 180	19 280	19 040	20 150	.	20 200 f)
Kapazitätsauslastung	%	84,5	89,8	77,8	73,2	75,4	.	85,0

a) Durch Rationalisierungsinvestitionen (z.B. zur Verbesserung der Stromnutzung) mit Kapazitätseffekt.

b) Kapazität Anfang 1978.

c) Kapazität Ende 1982.

d) Im Zeitraum 1983-1988 geplanter Kapazitätsabbau.

e) Für Ende 1988 angestrebte Kapazität.

f) Prognose.

Quelle: Sangyo-Kozo Shingi-Kai Tekko bukai Heidenro-Shoiinkai Hokokusho, in: Hutsuko Donro, No 42/ August 1983.

[52] Shimada untersucht das Beispiel eines kleinen Elektrostahlherstellers in Osaka, der als Subunternehmer einer großen Eisen- und Stahlgesellschaft tätig ist. Beim Ausbruch der Ölkrise Ende 1973 beschäftigte dieses Unternehmen 959 Arbeitskräfte. Aufgrund des Nachfragerückgangs mußte die Produktion drastisch zurückgefahren und in der Folge die Beschäftigung verringert werden. Dies geschah in erster Linie durch Abfindungsprogramme zum vorzeitigen Ausscheiden von Mitarbeitern, zunächst 1975 im Zusammenhang mit der Schließung eines Stahlblechwerks, als 278 Arbeiter ihren Job verloren, dann 1977, als 238 Arbeiter ausscheiden mußten. Allein zwischen 1974 und 1978 wurde die Belegschaft von 815 auf 287 reduziert. Die Betriebsgewerkschaft war in diesen Prozeß der Beschäftigungsanpassung voll eingeschaltet. Die Gesellschaft hatte versucht, die nicht mehr benötigten Arbeitskräfte so lange wie möglich auf der Gehaltsliste zu führen.

Tab. 28: Alters- und Größenstruktur der Elektrostahlöfen, 1978 und 1983

Zeitpunkt	Alter der Öfen	Anzahl der Öfen mit einer Kapazität von					
		unter 30 t	30 bis unter 50 t	50 bis unter 60 t	70 t	100 t und mehr	insgesamt
31.3. 1978	0 - 14	40	17	25	9	9	100
	15 - 19	27	5	2	0	2	36
	20 u.mehr	10	0	0	0	0	10
	insgesamt	77	22	27	9	11	146
31.3. 1983	0 - 14	24	18	26	8	9	85
	15 - 19	4	0	1	2	0	7
	20 u.mehr	18	1	2	0	2	23
	insgesamt	46	19	29	10	11	115

Quelle: "Sangyo-Kozo Shingi-Kai Tekka-bukai Heidenro-Shoiinkai Hokokusko", in: Hutsuko Denro, No 42, August 1983.

5.3.4 Einbeziehung in das Branchenstruktur-Verbesserungsgesetz 1983

Die nach dem Auslaufen des Krisenbranchen-Stabilisierungsgesetzes Ende Juni 1983 nach wie vor bestehende erhebliche Unterauslastung der Produktionskapazitäten machte es nach Auffassung des MITI und der Mehrheit der Branche erforderlich, den 1978 eingeleiteten Anpassungsprozeß fortzuführen. Die Elektrostahlindustrie wurde als strukturschwache (schrumpfende) Industrie in das Branchenstruktur-Verbesserungsgesetz aufgenommen. Um das Ziel einer ausreichenden Rentabilität zu erreichen, wurde ein Kapazitätsabbau bis März 1988 im Umfang von 3,8 Mill. t für erforderlich erachtet und im Strukturverbesserungsplan festgelegt. Obwohl die Beteiligung der Unter-

Beispielsweise wurden im August 1975 für 8691 Manntage Löhne in Höhe von 52 Mill. Yen an freigestellte Arbeiter gezahlt; davon erhielt das Unternehmen 24 Mill. Yen aus öffentlichen Mitteln zurück. (Vgl. Haruo Shimada, Employment Adjustment and Employment Policies: Japanese Experience a.a.O.). Im Rahmen der vorliegenden Arbeit konnte die in Kürze erscheinende Studie von Hinterhäuser nicht mehr ausgewertet werden. Vgl. Gerhard Hinterhäuser, Personalanpassung in der japanischen Stahlindustrie nach der ersten Ölkrise, Bergisch Gladbach 1985.

Tab. 29: Auslastung der Produktionskapazitäten für Stabstahlprofile in der Elektrostahlherstellung

	Fiskaljahr				
	1978	1979	1980	1981	1982
Produktionskapazität in 1000 t a)	20 260	22 460	24 770	26 010	26 710
Produktion in 1000 t	17 110	20 180	19 280	19 040	20 150
Tatsächliche Kapazitätsauslastung in %	84,5	89,8	77,8	73,2	75,4
Normalauslastung in %	85,0	85,0	85,0	85,0	85,0
Über(+)- bzw. Unter(-)-Auslastung in %	- 1	+ 6	- 8	- 14	- 11

a) Jeweils am Ende des Fiskaljahres (31. März).

Quelle: Fair Trade Committee, "Report of the Economic Research-Industrial Adjustment and Competitive Policies under Slower Growth", Nov. 1982. - Ferner: Hutsuko Denro Kogyo-Kai, "Hutsuko Denro Kankei-tokei", 1984.

nehmen theoretisch freiwillig ist, haben sich einige Produzenten, insbesondere solche mit nur einem Elektroofen, energisch gegen diesen Plan gewandt, da sie dadurch praktisch aus dem Markt gedrängt würden. Wer nur eine einzige Anlage betreibt, kann schlecht einen Teil der bisherigen Kapazität stillegen. Es wird daher als unabdingbar angesehen, daß es zu Zusammenlegungen von Unternehmen bzw. Produktionsstätten kommt, bei denen dann einzelne Betriebsanlagen verschrottet werden. Dem steht allerdings der ausgeprägte Individualismus der betroffenen mittelständischen Unternehmer entgegen. Mit ihrem Selbstverständnis von der Verantwortung des Unternehmers für die Belegschaft ist es schwer vereinbar, Betriebe oder Betriebsteile und damit die in ihnen arbeitenden Menschen einfach abzustoßen.

Im Strukturverbesserungsplan 1983 prognostizierte MITI für 1988 eine produktionsrelevante Nachfrage nach Elektrostahl (Rohstahläquivalent), die mit 20,2 Mill. t kaum über der des Jahres 1982 liegt (vgl. Tabelle 31). Bei einer angestrebten Normalauslastung von 85% wurde dafür eine Produk-

Tab. 30: Übersicht über die Entwicklung der Elektrostahl-Industrie, 1977 - 1984[a)]

	Einheit	1977	1978	1979	1980	1981	1982	1983	1984
Unternehmen	Zahl	69	65	62	61	59	58	57	55
Beschäftigte	Zahl	34400	33900	32600	32000	31300	30560	29300	27000
Beschäftigte je Unternehmen	Zahl	500	520	525	525	530	525	515	490
Produktions-kapazität b)	1000 t	20790	20260	22460	24770	26010	26710	.	.
Kapazität je Unternehmen	1000 t	300	312	362	406	440	460	468	490
Produktion von Stabstahl-profilen	1000 t	.	17110	20180	19280	19040	20150	.	.
darunter: Stabstahl	1000 t	9633	11491	14743	12383	11283	12430	12390	.

a) Fiskaljahre; Produktionskapazität, Zahl der Unternehmen und der Beschäftigten jeweils Ende März.
b) Für die Erzeugung von Stabstahlprofilen.

Quelle: Fair Trade Commission, Industrial Study Group,"Industrial Adjustment and Competition Policies under Slow Growth", November 1982. - Ferner: Hutsuko Denro Kogyo-Kai, "Hutsuko Denro Kankei-tokei", 1984.

Tab. 31: Prognose der Nachfrage nach Elektrostahl bis 1988 im Strukturverbesserungsplan 1983

	Fiskaljahr	198o	1981	1982	1 9 8 8 Fertig- erzeugnisse	1 9 8 8 Rohstahl- äquivalent	Durchschn. jährl.Vdg. 1988 gegen- über 1982
		in 1ooo Tonnen					in %
Nach- frage nach Stab- stahl- profilen	Stabstahl	1215o	1145o	1246o	123oo	129oo	- o,2
	Inland	1oo8o	922o	887o	99oo		+ 1,8
	Export	2o8o	223o	359o	24oo		- 6,5
	Stahlträger	3o2o	277o	247o	265o	28oo	+ 1,2
	Inland	2o9o	2o5o	177o	185o		+ o,7
	Export	93o	73o	7oo	8oo		+ 2,3
	Sonstige Produkte	56oo	6o58	619o	7ooo	74oo	+ 2,2
	Insgesamt	2o77o	2o27o	2112o	2195o	231oo	+ o,6
Produk- tion	auf Oxygen- stahlbasis	317o	289o	255o	28oo	29oo	+ 1,6
	auf Elektro- stahlbasis						
	- Fertig- erzeugnisse	176oo	1738o	1857o	1915o		+ o,5
	- Rohstahl- äquivalent a)	1928o	19o4o	2o15o		2o2oo	+ o,o4

a) Als Umrechnungskoeffizient wird in der zugrundegelegten Quelle für Stabstahl und Stahlträger: 0,95, für sonstige Produkte: 0,93 % angegeben.

Quelle: Sangyo-Kozo Shingi-Kai Tekko-bukai
Heidenro-Shoiinkai Hokokusho, in: Hutsuko Donro, No 42/Aug. 1983.

tionskapazität von 23,8 Mill. t für erforderlich gehalten. Tatsächlich betrug sie Ende 1982 rd. 26,7 Mill. t. Da angenommen wurde, daß auch in den Jahren bis 1988 durch Rationalisierung und Verbesserung der Produktionsverfahren ein positiver Kapazitätseffekt (in Höhe von 900 000 t) eintreten werde, ergab sich daraus als Ziel ein echter Abbau der Produktionskapazitäten in der Größenordnung von 3,8 Mill. t (vgl. Tabelle 27). Nach Angaben der Iron & Steel Association war bis Ende 1984 bereits eine Reduzierung um 1,2 Mill. t realisiert.

Die Stahlwerke wurden im Strukturverbesserungsplan auch auf die nach dem Krisenbranchen-Stabilisierungsgesetz gegebenen Möglichkeiten der Kooperation auf den Gebieten der Produktion, des Einkaufs und des Absatzes hingewiesen.

5.4 Synthesefaserindustrie

5.4.1 Entwicklung und Struktur

Die japanischen Hersteller von synthetischen Fasern konnten — wie die vieler anderer Sektoren — in den fünfziger und sechziger Jahren ein Wachstum mit fast durchweg zweistelligen Zuwachsraten der Produktion verzeichnen. Schon 1953 wurde beispielsweise die Bundesrepublik Deutschland vom dritten Platz in der Rangliste der weltgrößten Produzenten von synthetischen Fasern verdrängt, 1956 schob sich Japan vor Großbritannien an die zweite Stelle hinter die USA. Nachdem die Fertigung dieses jungen Industriezweiges im Jahre 1953 insgesamt erst 6 500 t betragen hatte, wurde 1960 bereits eine Produktion von 118 000 t registriert. Während der sechziger Jahre setzte sich das sprunghafte Wachstum mit einer jahresdurchschnittlichen Zunahme von (mengenmäßig) 26% fort, womit sich der Abstand zur Ausbringung in den USA zunehmend verringerte. Japan wurde in dieser Periode zum weltgrößten Exporteur von synthetischen Fasern. 1970 überschritt die Produktion erstmals die Grenze von einer Million Tonnen. 1971 war das erste Jahr, in dem das Vorjahresergebnis nicht übertroffen werden konnte.

Die ungewöhnlich erfolgreiche Entwicklung der japanischen Synthesefaserindustrie in den fünfziger und sechziger Jahren basiert auf dem gezielten Erwerb westlicher Technologien (z. B. für die Herstellung von Nylon aus den USA, von Polyester aus England), aber auch auf zahlreichen eigenen Verbesserungen dieser Technologien. Den Technologieimport hat die japanische Regierung damals in starkem Maße gesteuert. Schon 1949 hatte das MITI die Grundsätze des Aufbaus und der Förderung dieses Industriezweigs in einem Papier „Policy for a Prompt Development of the Synthetic-Fiber Industry“ festgelegt[53].

Nachdem die Produktion der Synthesefaserindustrie im Jahre 1973 mit über 1,3 Mill. t nochmals einen neuen Produktionsrekord erzielt hatte, kam es in den folgenden Jahren zunächst zu einem empfindlichen Rückgang und später nur noch zu bescheidenen Zunahmen der Produktion (vgl. Tabelle 31). Die auf anhaltendes Wachstum angelegten technischen Produktionskapazitäten — sie betrugen 1973 3 805 t je Arbeitstag — konnten bei weitem nicht mehr in befriedigendem Umfang ausgelastet werden. Die Zahl der beschäftigten Personen verringerte sich von knapp 56 000 im Jahre 1970 auf 35 400 im Jahre 1978 und weiter auf nur noch 28 400 im Jahre 1983 (vgl. Tabelle 1). Folgende Entwicklungstrends waren dafür verantwortlich:

— Die asiatischen Entwicklungsländer, in den fünfziger und sechziger Jahren Hauptabnehmerländer für japanische Textilerzeugnisse, hatten inzwischen selbst leistungsfähige Synthesefaser- und Textilindustrien aufgebaut, die sich zunehmend auch zu einer ernsten Konkurrenz auf Drittmärkten entwickelten.

— Die preisliche Wettbewerbsfähigkeit auch der japanischen Hersteller wurde durch den kräftigen Lohnanstieg, den stärkeren Yen sowie die stark verteuerten Material- und Energiekosten erheblich geschwächt.

— In allen Industrieländern kam es zu einer spürbaren Abschwächung der Nachfrage nach Textilerzeugnissen; gleichzeitig ging der Trend weg von den synthetischen Fasern hin zu Naturfasern.

Während die Produktion der Synthesefaserindustrie 1978 nur unwesentlich höher war als 1973, hatten sich die Kapazitäten, insbesondere durch einen Investitionsschub im Jahre 1977, um rund ein Drittel erhöht (vgl. Tabelle 33). Kapazitäten und Produktion hatten sich in praktisch allen Produktionssparten in ähnlichem Umfang auseinanderentwickelt. Im Jahre 1978 unterhielten die vier bedeutendsten Bereiche Produktionskapazitäten von insgesamt über 1,5 Mill. Tonnen (vgl. Tabelle 34).

Im Oktober 1977 „empfahl“ MITI den Produzenten der vier Hauptprodukte, die Produktion zu drosseln[54]. Im April 1978 kam es für die Dauer eines Jahres zur Bildung spezieller — von der „Fair Trade Commission“ genehmig-

---

[53] Vgl. hierzu insbesondere: Terutomo Ozawa, Government Control over Technology Acquisition and Firms‘ Entry into New Sectors: the Experience of Japan‘s Syntheticfiber Industry, in: Cambridge Journal of Economics, No. 4/1980, S. 133-146.

[54] Insgesamt sind auf dem Gebiet der Synthesefaserindustrie elf Unternehmen tätig, nämlich: Toyobo (mit einem Marktanteil im Jahre 1983 von 20,1 %); Toray Industries (19,5 %); Teijin (15,7 %); Asahi Chemical Industry (13,7 %); Kanebo Synthetic Fiber (7,6 %); Kuraray (6,1 %); Unitika (4,8 %); Mitsubishi Rayon (4,8 %); Nippon Ester (3,7%); Nippon Exlan (2,7 %); Toho Rayon (1,3 %). Nylonfäden und Acrylfasern werden von jeweils sechs dieser Unternehmen, Polyesterfäden von neun und Polyesterfasern von sieben Unternehmen hergestellt. Vgl. William V. Rapp, a.a.O.; Japan Chemical Fibres Association, Man-Made Fibres of Japan, 1983/4, Tokyo 1983, S. 16).

Tab. 32: Entwicklung der Produktion von synthetischen Fasern, 1972 - 1984

a) in 1000 Tonnen

Jahr	Synthetische Fasern insgesamt	darunter:				
		Nylonfäden	Polyester-fäden	Polyester-fasern	Acrylfasern	Alle übrigen[a)]
1972	1 116	279	179	210	275	173
1973	1 308	320	222	256	333	177
1974	1 174	274	203	263	276	158
1975	1 061	261	199	246	241	114
1976	1 245	280	251	284	307	123
1977	1 320	287	279	294	335	125
1978	1 419	288	318	319	371	123
1979	1 410	291	314	318	355	132
1980	1 399	294	305	320	350	130
1981	1 369	275	310	321	348	117
1982	1 344	256	314	314	344	116
1983	1 361	263	310	320	355	113
1984	1 415	279	327	320	367	122

b) 1973 = 100

Jahr	Synthetische Fasern insgesamt	darunter:				
		Nylonfäden	Polyester-fäden	Polyester-fasern	Acrylfasern	Alle übrigen[a)]
1972	85	87	81	82	83	98
1973	100	100	100	100	100	100
1974	90	86	91	103	83	89
1975	81	82	90	96	72	64
1976	95	88	113	111	92	69
1977	101	90	126	115	101	71
1978	108	90	143	125	111	69
1979	108	91	141	124	107	75
1980	107	92	137	125	105	73
1981	105	86	140	125	105	66
1982	103	80	141	123	103	66
1983	104	82	140	125	107	65
1984	108	87	147	125	110	69

a) Nylonmonofilamentgarn, Acrylfilamentgarn, Vinylon, Polypropylene, Polyethylene, Polyvinylidene Chloride, Polyvinychloride.

<u>Quelle</u>: Japan Chemical Fibres Association, Man-Made Fibers of Japan 1983/84, Tokyo November 1983, Angaben des Verbandes

Tab. 33: Produktionskapazitäten und Produktion von synthetischen Fasern nach der ersten Ölpreiskrise 1973/74

1973 = 100

Jahr	Synthetische Fasern insgesamt		Nylonfäden		Polyesterfäden		Polyesterfasern		Acrylfasern	
	Kapazität	Produktion	Kapazität	Produktion	Kapazität	Produktion	Kapazität	Produktion	Kapazität	Produktion
1973	100	100	100	100	100	100	100	100	100	100
1974	102	90	100	86	100	91	100	103	102	83
1975	102	81	100	82	104	90	100	96	102	72
1976	106	95	100	88	115	113	102	111	106	92
1977	129	101	112	90	160	126	130	115	134	101
1978	133	108	113	90	166	143	144	125	137	111

Quelle: Eigene Berechnungen anhand von Statistiken des MITI, wiedergegeben in: Japan Chemical Fibres Association, Man-Made Fibers of Japan 1983/84, Tokyo November 1983.

ter — Rezessionskartelle, wie sie das „Anti-Monopoly-Law" vorsieht[55]. Nach ihrem Auslaufen im März 1979 entschlossen sich die führenden Synthesefaserhersteller, keine Verlängerung zu beantragen. Der Vorsitzende der „Japan Chemical Fibres Association", Kagayaki Miyazaki, begründete dies damit, daß die „Fair Trade Commission" Bedenken gegen eine Fortsetzung des Kartells habe und sich die Marktbedingungen zumindest für zwei der vier betroffenen Produktbereiche verbessert hätten. Es wurde jedoch beschlossen, daß die Kapazitätsentwicklung in den nächsten drei Jahren überwacht werden sollte; überdies sollten vierteljährliche Produktionspläne basierend auf den zusammen mit MITI erstellten Angebots- und Nachfrageprognosen für einen geregelten Markt sorgen.

Tab. 34: Auslastung der Produktionskapazitäten in der Synthesefaserindustrie im Jahre 1978

Zahl der Hersteller	Produktionssparte	Produktionskapazität	Produktion	Auslastung in %
		in 1000 t		
6	Nylonfäden	367	287	78,9
6	Acrylfasern	431	335	80,2
8	Polyesterfäden	350	279	76,9
7	Polyesterfasern	398	294	76,6
11[a)]	Insgesamt	1 546	1 195	77 %

a) Die meisten Hersteller sind in mehreren Produktionssparten tätig.

Quelle: "Keizai Kyoshitsu", The Nihon Keizai Shimbun, June 7/ 1984.

[55] Vgl. The Condition of Japan's Synthetic Fiber Industry, in: Sumitomo Bank Review, No. 19 (78) 11, Tokyo, S. 5 ff.

5.4.2 Anpassungsmaßnahmen im Rahmen des Krisenbranchen-Stabilisierungsgesetzes 1978

Als im Mai 1978 das Krisenbranchen-Stabilisierungsgesetz in Kraft trat, wurden — auf Antrag der Hersteller — vier Sektoren der Synthesefaserindustrie mit dem Ziel einbezogen, eine langfristige Stabilisierung der Angebots- und Nachfragesituation zu erreichen. Im Stabilisierungsplan wurde festgelegt, die Produktionskapazitäten bis März 1981 wie folgt zu reduzieren:

— für Nylonfäden um 71 500 t
(= 19,5% der Kapazität in 1978 von 367 000 t)

— für Acrylfasern um 73 200 t
(= 17,0% der Kapazität in 1978 von 431 000 t)

— für Polyesterfäden um 36 800 t
(= 10,5% der Kapazität in 1978 von 350 000 t)

— für Polyesterfasern von 67 600 t
(= 17,0% der Kapazität in 1978 von 398 000 t)

Zur Erreichung dieser Ziele wurden — wie im Krisenbranchen-Stabilisierungsgesetz vorgesehen — Überkapazitätskartelle gebildet. Bei der Verteilung des für die einzelnen Produktionsbereiche vorgesehenen Kapazitätsabbaus auf die Hersteller wurde wie folgt verfahren: 50% der abzubauenden Kapazitäten (z. B. im Fall der Nylonfädenherstellung 35 750 Tonnen) wurden entsprechend dem Anteil der einzelnen Hersteller an der gesamten Branchenkapazität, die übrigen 50% entsprechend der Abweichung des individuellen Auslastungsgrades vom Durchschnitt der Branche aufgeteilt. Auf diese Weise wirkte sich ein bestehender hoher Auslastungsgrad, der als Indikator für eine hohe Effizienz bzw. Ausdruck erfolgreicher Marketinganstrengungen des entsprechenden Unternehmens galt, in einer geringen Abbauquote aus: Je höher der Auslastungsgrad war, desto geringer war der zu erfolgende Kapazitätsabbau. (Die Daten über die Kapazitätsauslastung einzelner Unternehmen wurden allerdings nicht veröffentlicht). Im Jahre 1980 vereinbarten die Hersteller, die Kapazitäten um weitere 2% zu reduzieren; hierbei war es den Unternehmen aber freigestellt, in welchen Produktionsbereichen sie die Reduktion vornahmen; die Branche spricht in diesem Zusammenhang von einem „weichen Kartell".

Die Ziele, die sich die Branche im Stabilisierungsplan von 1978 — und zusätzlich in der Vereinbarung von 1980 — gesetzt hatte, sind weitgehend erreicht worden, wenn auch mit einer gewissen Verzögerung, wie aus Tabelle 35 hervorgeht.

Tab. 35: Geplanter und realisierter Kapazitätsabbau in der Synthesefaserindustrie

Produkt- sparte	Plan von 1978 bis März 1981	Realisiert bis März 1981	Realisiert bis 1982/83
Nylonfäden	19,5 %	19,6 %	20 %
Acrylfasern	17,0 %	19,6 %	21 %
Polyesterfäden	10,5 %	10,0 %	10 %
Polyesterfasern	17,0 %	17,5 %	18 %

Quelle: Angaben der „Japan Chemical Fibres Association", Tokyo.

Von der im Krisenbranchen-Stabilisierungsgesetz vorgesehenen Möglichkeit, Kreditgarantien in Anspruch zu nehmen, hat die Synthesefaserindustrie kaum Gebrauch gemacht. Lediglich ein Unternehmen hat staatlich garantierte Kredite zur Finanzierung von Abfindungszahlungen an vorzeitig ausscheidende Mitarbeiter in Höhe von 3 Mrd. Yen aufgenommen.

5.4.3 Einbeziehung in das Branchenstruktur-Verbesserungsgesetz 1983

Obwohl die Kapazitätsauslastung der Branche Anfang der achtziger Jahre über 80% lag, stellten die rückläufige Nachfrage und die Abnahme der Kapazitätsauslastung (vgl. Tab. 36) zumindest einige Hersteller vor die Notwendigkeit, weitere Anpassungsmaßnahmen vorzunehmen. Nach kontroversen Diskussionen entschloß sich die Industrie nach Abstimmung mit dem MITI, auch im revidierten Branchenstruktur-Verbesserungsgesetz 1983 für Nylonfäden, Acrylfasern, Polyesterfäden und Polyesterfasern den Status strukturschwacher Industrien in Anspruch zu nehmen; die Anerkennung erfolgte mit Wirkung vom 24. Mai 1983. Ausschlaggebend für die Beteiligung waren die zusätzlichen Möglichkeiten und Chancen, die sich damit für die laufende Kontrolle der Kapazitätsentwicklung, die Revitalisierung der Industrie sowie die verstärkte Kooperation der Unternehmen ergeben. Im Gespräch sind Pläne, die Synthesefaserindustrie in vier Unternehmensgruppen zu konzentrieren. Dem wird entgegengehalten, daß solche Zusammenschlüsse ausschließlich aufgrund der autonomen Entscheidungen der Unternehmen getätigt werden sollten, daß die Durchführung solcher Maßnahmen im Rahmen des neuen Gesetzes zu unerwünschten bürokratischen Kontrollen führen würde. Zwischen den Unternehmen besteht Übereinstimmung, daß es zu keinen Kapazitätserhöhungen kommen darf[56]. Als wichtig wird vor allem eine Diversifizierung der Produktion zu Gunsten von Produkten mit hohem Wertschöpfungsanteil angesehen. Verstärktes Gewicht soll auch auf die Einführung neuer Technologien gelegt werden, insbesondere auf solche, die spürbare Energieeinsparungen ermöglichen.

Tab. 36: Produktionskapazitäten, Produktion und Außenhandel der Synthesefaserindustrie, 1980 - 1984

Jahr	Produktions-kapazität in 1ooo t	Produktion in 1ooo t	Auslastung in %	Export in 1ooo t	Import in 1ooo t
198o	1 674,2	1 399,5	83,6	333,9	46,9
1981	1 686,1	1 368,7	81,2	366,4	42,o
1982	1 666,5	1 344,o	8o,6	322,5	35,6
1983	1 711,5	1 361,2	79,5	342,7	37,6
1984	1 713,6	1 415,2	82,6	341,8	39,1

Quelle: Japan Chemical Fibres Association, Man-Made Fibres of Japan 1983/84, Tokyo Nov.1983; Angaben des Verbandes.

[56] Nach Angaben der U.S.-Japan Trade Study Group (Progress Report 1984) sind für das Jahr 1988 folgende Kapazitätsziele festgelegt worden (in Klammern Produktionswerte 1983):

Acrylfasern	394 000 t	(355 200 t)
Nylonfäden	321 000 t	(271 140 t)
Polyesterfäden	411 000 t	(310 000 t)
Polyesterfasern	349 000 t	(319 770 t)
Insgesamt	1 479 000 t	(1 256 110 t)

(Berechnet auf der Basis von Angaben im Japan Economic Journal, October 18, 1983).

6. Anpassungshilfen für Klein- und Mittelbetriebe in Krisenregionen (1978 bis 1983)

6.1 Klein- und Mittelbetriebe im Strukturanpassungsprozeß

Die Verarbeitende Industrie Japans ist durch eine dualistische Struktur gekennzeichnet (vgl Abschnitt 3.2). Den etwa 4 000 Unternehmen mit mehr als 300 Beschäftigten standen im Jahre 1981 rund 870 000 Klein- und Mittelbetriebe gegenüber[1]. 25% der Erwerbstätigen waren bei den Großunternehmen und 75% bei kleinen und mittleren Unternehmen beschäftigt. Zwischen Groß-und Kleinunternehmen bestehen beträchtliche Produktivitäts- und Lohnunterschiede. In Unternehmen mit mehr als 1 000 Beschäftigten ist die Pro-Kopf-Wertschöpfung etwa dreimal so groß wie in Betrieben mit weniger als 10 Beschäftigten und mehr als doppelt so groß wie in Betrieben mit 20 - 99 Beschäftigten. Auch das Lohnniveau differiert in den einzelnen Unternehmensgrößenklassen erheblich[2].

Die Großindustrie ist in Japan mit der Klein- und Mittelindustrie stark verflochten. Unter den verschiedenen Formen der Unternehmensverflechtung kommt dem „Subcontracting" große Bedeutung zu. Beim „Subcontracting" stellen die meist kleinen Zulieferfirmen den Großteil ihrer Produkte ausschließlich im Auftrag größerer Unternehmen her. Für die weite Verbreitung des „Subcontracting"[3] sind die damit verbundene Senkung der festen Kosten bei den Großunternehmen, die ihnen eine flexible Anpassung bei Nachfrageschwankungen erlaubt, sowie die niedrigeren Lohnstückkosten bei den Zulieferbetrieben, welche die Auslagerung arbeitsintensiver Fertigungsstufen vorteilhaft macht, verantwortlich.

Zulieferindustrien sind in hohem Grade von den nachgelagerten Großunternehmen abhängig. Diese Abhängigkeit wurde im Zuge des Strukturanpassungsprozesses von letzteren dazu benutzt, einen Teil der Fertigungen, die sie den Zulieferfirmen übertragen hatten, wieder in den eigenen Werken durchzuführen. Die Zulieferindustrien wurden somit von Strukturkrisen doppelt

---

[1] Innerhalb der Verarbeitenden Industrie gelten nach dem „Fundamental Law on Small and Medium Enterprises" solche Betriebe als Klein- und Mittelbetriebe, die weniger als 100 Mill. Yen Eigenkapital haben oder weniger als 300 Personen beschäftigen.

[2] Vgl. Small and Medium Enterprise Agency, MITI, White Paper on Small and Medium Enterprises in Japan 1984, Tokyo 1984.

[3] Zur quantitativen Bedeutung des „Subcontracting" vgl. z. B. Small and Medium Enterprise Agency, MITI, a.a.O., S. 78 f.

getroffen: Ein Teil der Aufträge wurde von den Großunternehmen wegen des rückläufigen Absatzes gekürzt, andere wurden storniert, weil das Großunternehmen die Fertigung selbst übernahm. Ein typisches Beispiel für die Verlagerung des Beschäftigungsrisikos auf die Zulieferindustrien bildet die Schiffbauindustrie. Während die Beschäftigtenzahlen der Werften zwischen 1974 und 1983 um 43% von 197 000 auf 113 000 zurückgingen, reduzierte sich die Beschäftigung in der Zulieferindustrie von 90 000 auf 46 000, das sind knapp 49%. Besonders in den ersten Krisenjahren versuchte der Schiffbau, das Beschäftigungsrisioko auf die Zulieferindustrie abzuwälzen. Zwischen 1974 und 1978 ging die Beschäftigung im Schiffbau nur um 30%, in der Zulieferindustrie dagegen um 57% zurück (vgl. Tabelle 13).

Nicht nur, daß prozentual mehr Beschäftigte in der Zulieferindustrie ihren angestammten Arbeitsplatz verloren als in der Großindustrie, auch der Prozeß der Beschäftigungsanpassung erfolgte in diesen Klein- und Mittelbetrieben abrupter und für die Betroffenen schmerzlicher und konfliktreicher[4]. Kleinbetriebe verfügen häufig nicht über ein ausreichendes Informationssystem und können sich deshalb selten vorausschauend auf Absatzrückgänge einstellen. In der Regel ist es ihnen auch nicht möglich, ihre Produktion zu diversifizieren und ihre Arbeitskräfte in den neuen Produktionssparten weiter zu beschäftigen. Sie können im Gegensatz zu den Großbetrieben die nicht mehr benötigten Arbeitskräfte auch nicht innerhalb der Firma versetzen, an befreundete Unternehmen ausleihen usw. Deshalb bleibt vielfach nur die Möglichkeit, Arbeitskräfte zu entlassen oder vorzeitig in den Ruhestand zu schicken. Anders als in den Großunternehmen stehen den Beschäftigten in den Klein- und Mittelbetrieben in der Regel keine Gewerkschaften zur Seite, die versuchen, den Anpassungsprozeß in seinen Folgen abzufedern[5].

Die Beschäftigten der Zulieferindustrien wie auch die der unabhängigen Klein- und Mittelindustrien[6] tragen die Kosten der Strukturanpassung in weitaus höherem Maße als die Stammbelegschaften der Großunternehmen. Im Falle des Beschäftigungsabbaus werden viele von ihnen entlassen. Sie müssen sich ohne Unterstützung ihrer alten Firma einen neuen Arbeitsplatz suchen. Sie belasten zumindest vorübergehend das soziale Sicherungssystem. Die Gewährung von Anpassungshilfen für Klein- und Mittelbetriebe und die Steuerung der Beschäftigungsanpassung stellen deshalb einen wichtigen Bereich der staatlichen Strukturanpassungspolitik dar.

---

[4] Betriebe mit diversifizierter Abnehmerstruktur erwiesen sich allerdings als flexibler im Anpassungsprozeß als Betriebe mit nur ein oder zwei Auftraggebern. Vgl. Sachio Watanabe, Industrial Adaptation and Small- and Mediumscale Firms, in: Japan Institute of Labour, Boeki masatsu no Koyo nioyobosu eikyo to roshi no taio ni Kansuru chosa kenkyu (The Relation between Foreign Trade Frictions and Employment and the Employer — Employee Relations), Tokyo 1983 (unveröffentlichter Bericht).

[5] Vgl. Haruo Shimada, The Japanese Employment System, a.a.O., S. 26 f.

[6] Im Jahre 1981 waren 65 % aller kleinen und mittleren Unternehmen Zulieferbetriebe.

6.2 Anpassungshilfen für Klein- und Mittelbetriebe in Krisenregionen als Teilbereich der Mittelstandspolitik

Die Anpassungshilfen für Klein- und Mittelbetriebe in Krisenregionen bildeten einen der vier Ansatzpunkte der im Jahre 1978 konzipierten staatlichen Strukturanpassungspolitik. Die gesetzliche Grundlage wurde mit dem „Law on Temporary Measures for Small and Medium Scale Industries in Specified Depressed Regions" geschaffen. Durch die Verabschiedung dieses Gesetzes wurde die japanische Mittelstandspolitik um einen zusätzlichen Bestandteil erweitert.

Die japanische Mittelstandspolitik geht im wesentlichen zurück auf das 1963 verabschiedete „Fundamental Law on Small and Medium Enterprises". Ziel der Mittelstandspolitik ist danach ganz allgemein die Förderung der Entwicklung von Klein- und Mittelbetrieben und die Verbesserung des wirtschaftlichen und sozialen Status ihrer Beschäftigten. Dieses soll erreicht werden durch Modernisierung der Anlagen, Einführung neuer Technologien, Verbesserung des Managements, Diversifizierung der Produktion, Absatzförderung usw.[7].

Im Laufe der Jahre wurde das Gesetz von 1963 durch weitere Gesetze ergänzt, so daß Anfang der achtziger Jahre ein umfangreiches System zur Förderung der Klein- und Mittelindustrie vorhanden war. In einer Darstellung des Instrumentariums unterscheidet MITI vier Ansatzpunkte der Mittelstandspolitik:

— Modernisierung und Strukturverbesserung kleiner und mittlerer Unternehmen,

— Verbesserung der Absatzbedingungen,

— spezielle Maßnahmen für Kleinbetriebe,

— kredit- und steuerpolitische Maßnahmen.

Jeder dieser Bereiche enthält eine Reihe von speziellen Fördermaßnahmen (vgl. Abbildung 6)[8]. Die Anpassungshilfen für Klein- und Mittelbetriebe in Krisenregionen wurden in der vorliegenden Zusammenstellung dem Bereich „Modernisierung und Strukturverbesserung kleiner und mittlerer Unternehmen" zugeordnet[9]. Wie Abbildung 6 zu entnehmen ist, bilden sie nur eine

[7] Vgl. Small and Medium Enterprise Agency, MITI, Japan Small Business Corporation, Outline of Small- and Medium-scale Enterprise Policies of the Japanese Government, Tokyo 1983, S. 3.

[8] Eine detaillierte Beschreibung der einzelnen Fördermaßnahmen findet sich in: Small and Medium Enterprise Agency, MITI, Japan Small Business Corporation, a.a.O. Der im Jahre 1978 erreichte Stand der Mittelstandspolitik wird dargestellt in: MITI, White Paper on Small and Medium Enterprises 1978, Tokyo 1978, S. 43 ff.

[9] Vgl. „Measures for specified recessionary areas — Law on Extraordinary Measures for Coping with Small and Medium Enterprises in Specified Recessionary Areas" in Abbildung 6.

Abb. 6

Systems of Measures for Small- and Medium-Scale Enterprises

1. Modernization and Upgrading of Small- and Medium-Scale Enterprises
   - Modernization Measures for Individual Industries — Small and Medium Enterprises Modernization Promotion Law
   - Upgrading Projects — Japan Small Business Corporation
   - Rationalization of Management — Diagnosis and guidance, training, coping with the information revolution
   - Upgrading Technology — Technological guidance activities, technical training activities, technological development activities, technology transfer and technology exchange
   - Organization Activities — Law on Cooperatives of Small and Medium Enterprises and Other Parties, Law on the Organization of Small Business Associations, the National Federation of Small Business Associations
   - Promotion of Small- and Medium-Scale Commercial and Service Enterprises — Small Retail Business Promotion Law; Shopping District Promotion Cooperatives Law; Promotion for service enterprises
   - Business Conversion Measures — Law on Extraordinary Measures for Dealing with Enterpreneurial Conversion of Small and Medium Enterprises
   - Energy Conservation and Conversion — Energy conservation diagnosis and visiting guidance for energy conservation, technological development, energy-saving or alternative-energy loan, and other measures concerning energy conservation and conversion
   - Measures for Internationalization — Overseas investment advisors, the International Conference on Small Enterprise Policy (INCOSEP)
   - Measures Concerning Labor — Small- and Medium-Scale Enterprise Retirement Allowance Mutual Relief System
   - Regional Small- and Medium-Scale Enterprises Policy
     - Promotion measures for production area small enterprises — Law on Extraordinary Measures for Small and Medium Enterprises Located Together in Specific Areas
     - Promotion measures for local industries
     - Measures for specified recessionary areas — Law on Extraordinary Measures for Coping with Small and Medium Enterprises in Specified Recessionary Areas

Fortsetzung von Abb. 6

- 2. Correcting Disadvantages in Business Activities
  - Promotion of Subcontracting Enterprises — Law on the Prevention of Delay in the Payment of Subcontracting Charges and Related Matters, Subcontracting Small and Medium Enterprise Promotion Law, and Activities of the Subcontracting Enterprises Promotion Association
  - Securing Equitable Business Opportunities — Activity Field Adjustment Law, Law Concerning the Adjustment of Retail Business Activities in Large-Scale Stores. Law on Special Measures for the Adjustment of Retail Business, Law on the Organization of Small Business Assocation, Law on Cooperative of Small and Medium Enterprises and Other Parties
  - Securing Opportunities for Orders on Procurement by the Government and Other Public Agencies — Cabinet Decision on the policy concerning small and medium-scale enterprises on procurement by the government and other public agencies
- 3. Policies on Small Enterprises
  - Management Improvement Dissemination Program — Management Guidance Personnel in Societies of Commerce and Industry and Chambers of Commerce and Industry
  - Financing System for Minor Enterprise — No security or guarantor
  - Management Improvement
  - Small Enterprise Mutual Relief System
  - Equipment Modernization — Equipment Modernization Fund Loan System and Equipment Leasing System
- 4. Financing Taxation and Related Systems
  - Financial Support
    - Small Business Finance Corporation
    - Peoples' Finance Corporation
    - Central Cooperation Bank for Commerce and Industry
    - Public Credit Supplement System — Small Business Credit Insurance Corporation, Credit Guarantee Association
    - Small Business Constitutional Reinforcement Fund
  - Improvement of Equity Position — Small Business Investment Companies, taxation system
  - Bankruptcy Prevention and Disaster Assistance — Bankruptcy Prevention Mutual Relief System, Financing System for Preventing Bankruptcy of Small- and Medium-Scale Enterprises, Special Consultation System for Bankruptcy Prevention, Bankruptcy-Related Guarantee System, Dissaster Assistance, and Law Concerning Special Financial Aid and Other Measures against Extraordinary Disasters

Quelle: Small and Medium Enterprise Agency, MITI, Japan.
Small Business Corporation, Outline of Small- and Medium Scale Enterprise Policies of the Japanese Government, Tokyo 1983, S. 5 f.

von vielen Maßnahmen zur Förderung der Klein- und Mittelindustrie und dürfen schon von daher in ihrer Bedeutung für deren Entwicklung nicht überschätzt werden.

6.3 Die Anpassungshilfen für Klein- und Mittelbetriebe im Überblick

Die japanische Strukturpolitik gegenüber Klein- und Mittelbetrieben in Krisenregionen verfolgte das Ziel, die von der Strukturkrise betroffenen Unternehmen zu erhalten. Die Politik ging von folgender Überlegung aus: Wenn in einer Region viele kleine Zulieferbetriebe von wenigen großen Unternehmen abhängen und diese in einen strukturellen Anpassungsdruck geraten, dann sind hiervon nicht nur die Zulieferbetriebe, sondern mehr oder weniger alle Betriebe in dieser Region betroffen. Die staatlichen Fördermaßnahmen haben sich in diesem Fall an alle Klein- und Mittelunternehmen in Krisenregionen zu wenden. Sie müssen versuchen, den Konkurs dieser Unternehmen abzuwenden und somit die Wirtschaftskraft der Region zu sichern.

Die Auswahl der zu fördernden Klein- und Mittelbetriebe erfolgte nach folgendem Verfahren: Es wurden diejenigen strukturschwachen Industriezweige bestimmt, deren Unternehmen großen Einfluß auf die wirtschaftliche Entwicklung von Regionen[10] haben. Die Unternehmen dieser Industriezweige mußten in den drei letzten Jahren schlechte Ergebnisse erzielt haben. Außerdem mußten viele kleine und mittlere Unternehmen einer Region als Zulieferanten von diesen Großunternehmen abhängen. Im Jahre 1978 wurden die Sperrholzindustrie, die Fischindustrie, die Stahlindustrie, die Aluminiumindustrie, die Herstellung von Synthesefasern, die Herstellung von Kupfer und Zink sowie der Schiffbau zu strukturschwachen Industriezweigen erklärt. 1982 kamen die Papierindustrie und Ölraffinerien hinzu. Die Unternehmen dieser Industriezweige dominierten in 47 Regionen (mit 51 Städten und Orten) die Entwicklung der Klein- und Mittelindustrie in einem solchem Maße, daß diese Regionen zu Krisenregionen erhoben wurden. Außerdem wurden 98 Nachbarregionen in das Förderprogramm einbezogen (vgl. Tabelle 37).

In den Krisenregionen konnten alle Klein- und Mittelbetriebe einen Antrag auf staatliche Förderung stellen. Von den Betrieben in den Nachbarregionen konnten dagegen nur diejenigen Klein- und Mittelbetriebe berücksichtigt werden, die mindestens 20% ihrer Aufträge von Unternehmen strukturschwacher Industriezweige mit Sitz in einer Krisenregion erhielten.

---

[10] Zur Abgrenzung der Regionen wurde die nächst kleinere Verwaltungseinheit unterhalb der Präfekturebene gewählt.

Tab. 37 : Die Anpassungshilfen für Klein- und Mittelbetriebe in Krisenregionen (1978 - 1983)

(1) Berücksichtigte strukturschwache Industriezweige	seit 1978: Sperrholzindustrie, Fischindustrie, Stahlindustrie, Aluminiumindustrie, Herstellung von Synthesefasern, Herstellung von Kupfer und Zink, Schiffbau zusätzlich seit 1982: Papierindustrie, Raffinerien
(2) Krisenregionen	47 Regionen (mit 51 Städten und Orten) + 98 Nachbarregionen
(3) Maßnahmen	
- Allgemeine Verbesserung der Finanzierungs- und Ertragslage	- Kredite für besondere Notlagen - Kredite zur Produktdiversifizierung - Verlängerung der Laufzeiten für Modernisierungskredite - Gewährung von Kreditgarantien - Erstattung der Einkommen- und Körperschaftsteuer in besonderen Fällen
- Steigerung der Nachfrage	- Bevorzugte Vergabe öffentlicher Aufträge an Klein- und Mittelbetriebe der jeweiligen Region
- Förderung der Erweiterung und Neuansiedlung von Betrieben in Krisenregionen	- Subventionen zur Förderung der Verlagerung und Neuansiedlung von Industriebetrieben - Kredite der Japan Development Bank und der Hokkaido Development Corporation zum Ausbau der Infrastruktur in Krisenregionen - Spezielle Abschreibungserleichterungen für neu angesiedelte Betriebe - Steueranreize zur Umschichtung von Aktiva

Quelle: MITI, Agency for Small and Medium-scale Enterprises.

Drei Ansatzpunkte zur Förderung der Klein- und Mittelindustrie wurden gewählt:

— Allgemeine Verbesserung der Finanzierungs- und Ertragslage

— Steigerung der Nachfrage sowie

— Erweiterung und Neuansiedlung von Betrieben in Krisenregionen.

Um die Finanzierungs- und Ertragslage der Klein- und Mittelbetriebe zu verbessern, wurden Kredite für besondere Notlagen sowie Kredite zur Produktdiversifizierung vergeben, die Laufzeiten für Modernisierungskredite verlängert, Kreditgarantien gewährt und in besonders festgelegten Fällen die Einkommen- und Körperschaftsteuern erstattet. Die Kredite wurden durch die staatlichen Banken für die Klein- und Mittelindustrie: die „National Finance Corporation", die „Small Business Finance Corporation" und die „Shoko Chukin Bank" vergeben[11].

Zur Steigerung der Nachfrage wurden die Präfekturen und sonstigen lokalen Gebietskörperschaften angehalten. Klein- und Mittelbetriebe aus Krisenregionen bei der Vergabe von öffentlichen Aufträgen zu bevorzugen.

Die Erweiterung bestehender Betriebe, primär aber die Neuansiedlung von Betrieben in Krisenregionen, wurde mit verschiedenen finanz- und kreditpolitischen Maßnahmen gefördert. Es wurden Subventionen an Betriebe vergeben, die ihre Fertigungsstätten in Krisenregionen verlagerten. Die im Zuge der Verlagerung notwendige Umschichtung von Aktiva (Verkauf von Grund und Boden sowie von Produktionsanlagen am alten Standort, Kauf am neuen Standort) wurde steuerlich begünstigt. Für neu angesiedelte Betriebe wurden spezielle Abschreibungserleichterungen gewährt. Schließlich vergaben die „Japan Development Bank" und die „Hokkaido Development Corporation" Kredite zum Ausbau der Infrastruktur in Krisenregionen (vgl. Tabelle 37).

6.4 Ergebnisse der Anpassungspolitik

Die Ergebnisse der Anpassungspolitik gegenüber Klein- und Mittelbetrieben in Krisenregionen lassen sich nur recht allgemein formulieren, da über die Entwicklung der geförderten kleinen und mittleren Unternehmen keine Zahlen veröffentlicht worden sind. Es ist lediglich bekannt, daß bis Ende 1981 5 060 kleine und mittlere Unternehmen in die Förderung einbezogen worden sind. Ausführlichere Angaben liegen nur über die finanziellen Leistungen des Staates vor, die im Rahmen des „Law on Temporary Measures for Small and Medium-scale Industries in Specified Depressed Regions" realisiert worden sind. Wie aus Tabelle 38 zu entnehmen ist, wurden von 1978 bis 1981 Kredite für besondere Notlagen in Höhe von 42,7 Mrd. Yen und Kredite zur Produktdiversifizierung in Höhe von 170 Mill. Yen vergeben sowie Kreditgarantien in Höhe von 19 Mill. Yen gewährt. Das staatliche Zuschußelement belief sich in diesen Fällen auf die Differenz zwischen dem Zinssatz der staatlichen Kredite, der 6,1% bis 6,6% betrug, und dem Markt-

[11] Vgl. z. B. Small Business Finance Corporation, Small Business Financing in Japan and Small Business Finance Corporation, Tokyo 1984.

zins in Höhe von 6,1% bis 8,8%. Neben der Kreditgewährung wurden 2,4 Mrd. Yen für Steuererleichterungen und 1,5 Mrd. Yen an Subventionen zur Förderung der Verlagerung (und Neuansiedlung) von Industriebetrieben bereitgestellt[12].

Vergleicht man die finanziellen Aufwendungen der Anpassungshilfen für Klein- und Mittelbetriebe in Krisenregionen mit den 23,2 Mrd. Yen, die im Rahmen des Krisenbranchen-Stabilisierungsgesetzes als staatliche Kreditgarantien gewährt wurden, so wird deutlich, daß erstere quantitativ weitaus bedeutsamer waren als letztere. Diese Gegenüberstellung zeigt, daß dem Krisenbranchen-Stabilisierungsgesetz, gemessen an den finanziellen Leistungen, nicht die herausragende Stellung im Rahmen der Strukturanpassungspolitik zukam, die ihm häufig beigemessen wird.

Innerhalb der Förderung der Klein- und Mittelbetriebe lag das Schwergewicht auf Maßnahmen zur Erhaltung bestehender Betriebe, die durch den Rückgang der Aufträge von seiten der dominierenden Großunternehmen in wirtschaftliche Schwierigkeiten geraten waren. Darüber hinaus wurde noch die Neuansiedlung von Betrieben in Krisenregionen relativ stark gefördert, um so neue Arbeitsplätze zu schaffen und die Wirtschaftskraft dieser Regionen zu stärken. Ohne Bedeutung blieben demgegenüber zukunftsgerichtete Maßnahmen zur Produktdiversifizierung und Modernisierung der Klein-und Mittelindustrie (vgl. Tabelle 38).

Die Maßnahmen zur Erhaltung von Klein- und Mittelbetrieben dürfen im Rahmen der gesamten Strukturpolitik für traditionelle Industriezweige nicht als bloße Erhaltungssubventionen verstanden werden. Sie flankieren vielmehr den Kapazitätsanpassungsprozeß der Großunternehmen in strukturschwachen Industriezweigen, indem sie die wirtschaftlichen Folgen dieses Prozesses abmildern und die Widerstände von seiten der Klein- und Mittelindustrie reduzieren. Auch die Maßnahmen zugunsten der Neuansiedlung von Betrieben in Krisenregionen sind geeignet, die Akzeptanz von Strukturanpassungsmaßnahmen bei Arbeitnehmern und regionalen Gebietskörperschaften zu erhöhen. Es muß jedoch kritisch angemerkt werden, daß diese Maßnahmen zu wenig den Strukturwandel der Klein- und Mittelindustrie selbst förderten und diese nicht in ausreichendem Maße an die veränderten Nachfrage- und Wettbewerbsbedingungen anpaßten.

---

[12] Über die finanziellen Leistungen für die sonstigen Maßnahmen liegen keine Angaben vor. Zum Vergleich: Die staatlichen Subventionen insgesamt für die Klein- und Mittelindustrie beliefen sich 1980 auf 243 Mrd. Yen. Insgesamt gewährte der Staat Subventionen in Höhe von 13,9 Billionen Yen. Vgl. Statistics Bureau, Management and Coordination Agency, Japan Statistical Yearbook 1984, Tokyo 1984, S. 440; Hiroya Ueno, Akira Goto, Subsidy Schemes for Industry in Japan, a.a.O., S. 20 ff.

Tab. 38 : Finanzielle Leistungen an Klein- und Mittelbetriebe in Krisenregionen, 1978 - 1981

Maßnahmen	Mill.Yen
Kredite für besondere Notlagen a)	42.700
Kredite zur Produktdiversifizierung	170
Gewährung von Kreditgarantien	19
Steuererleichterungen	2.400
Subventionen zur Förderung der Verlagerung und Neuansiedlung von Industriebetrieben	1.500

a) Die Kredite wurden zu Zinssätzen von 6,1 % bis 6,6 % gewährt; der Marktzins variierte in dem Betrachtungszeitraum zwischen 6,1 % und 8,8 %.

Quelle: Sueo Sekiguchi, Toshihiro Horiuchi, Industrial Policies in Japan, unv. Manuskript, S. 23.

7. Anpassungshilfen für Arbeitskräfte in Krisenbranchen und Krisenregionen (1978 bis 1983)

7.1 Entwicklung der Arbeitslosigkeit seit 1970

Verglichen mit den Ländern Westeuropas weist Japan ein niedriges Niveau der Arbeitslosigkeit auf. Diese Aussage gilt auch dann, wenn man berücksichtigt, daß die Arbeitslosenstatistiken in Japan die Arbeitslosigkeit zu niedrig ausweisen[1]. Gleichwohl mußte auch Japan im Verlauf der siebziger und der achtziger Jahre einen Anstieg seiner Arbeitslosigkeit hinnehmen. Lag die Arbeitslosenquote bis 1974 bei gut 1%, so schnellte sie 1975 auf 1,9% hoch und verharrte bis 1980 auf diesem Niveau. Nach der zweiten Ölpreiskrise erhöhten sich die Arbeitslosenzahlen nochmals spürbar und erreichten Anfang 1984 einen Anteil an den Erwerbspersonen von 2,7% (vgl. Tabelle 39).

Tab. 39: Entwicklung der Arbeitslosigkeit, 1970 - 1984

Jahr	Arbeits-lose in 1000	Arbeits-losen-quote in %	Jahr	Arbeits-lose in 1000	Arbeits-losen-quote in %
1970	590	1,1	1978	1 240	2,2
1971	640	1,2	1979	1 170	2,1
1972	730	1,4	1980	1 140	2,0
1973	680	1,3	1981	1 260	2,2
1974	730	1,4	1982	1 360	2,4
1975	1 000	1,9	1983	1 560	2,6
1976	1 080	2,0	1984[a)]	1 675	2,7
1977	1 100	2,0			

a) Januar bis Juni.

Quelle: Prime Minister's Office, Labour Force Survey.

[1] Vgl. Angelika Ernst, Japans unvollkommene Vollbeschäftigung, a.a.O., S. 152 ff.; Sadanori Nagayama, Are Japan's Unemployment Statistics too Low? in: Economic Eye, June 1984, S. 14 ff.; Koji Taira, Japan's Low Unemployment: Economic Miracle or Statistical Artifact? in: Monthly Labor Review, U.S. Bureau of Labor Statistics, July 1983.

Die Arbeitslosigkeit in Japan ist durch hohe regionale Unterschiede gekennzeichnet. Im Jahre 1980 waren die Arbeitslosenquoten besonders hoch in der Präfektur Aomori im Norden von Honshu, in der Präfektur Osaka, in mehreren Präfekturen der im Süden gelegenen Inseln Shikoku und Kyushu sowie auf Okinawa. Hier lagen die Arbeitslosenquoten bei mehr als 3% (vgl. Abbildung 7). In einigen Verwaltungseinheiten unterhalb der Präfekturebenen näherte sich die Arbeitslosigkeit der für japanische Verhältnisse hohen 5%-Quote.

7.2 Anpassungshilfen für Arbeitskräfte als Teilbereich der Arbeitsmarktpolitik

Mit dem Anwachsen der Arbeitslosigkeit setzte ab Mitte der siebziger Jahre eine neue Phase der japanischen Arbeitsmarktpolitik ein. Bis dahin schränkte das für Arbeitsmarktfragen zuständige „Ministry of Labour" seine Aktivitäten auf arbeitsmarktpolitische Maßnahmen im engeren Sinne ein. Der eher reaktiv-kompensatorischen Politik bis Mitte der sechziger Jahre folgte eine antizipierend-prophylaktische Beschäftigungspolitik. Im Jahre 1966 wurde das „Employment Measures Law" verabschiedet, das erstmals die Verpflichtung zu einer Vollbeschäftigungspolitik konstituierte. Es sah die Aufstellung eines Basisplanes als Grundlage für eine zielgerichtete Beschäftigungspolitik vor.

Nach der ersten Ölpreiskrise begann eine dritte Phase der Arbeitsmarktpolitik. Um die deutlich gestiegene Arbeitslosigkeit wirksamer bekämpfen zu können, ging das „Ministry of Labour" von seiner engen beschäftigungspolitischen Ausrichtung ab und versuchte, Einfluß auf die allgemeine Wirtschaftspolitik zu nehmen. Es gelang ihm, MITI zu veranlassen, bei seiner Anpassungspolitik für strukturschwache Branchen arbeitsmarktpolitische Kriterien zu berücksichtigen. Zur Vermeidung negativer Beschäftigungswirkungen als Folge von Schrumpfungsprozessen wurde das Krisenbranchen-Stabilisierungsgesetz um das „Law on Temporary Measures for Workers Displaced from Specified Depressed Industries" (kurz: „SDR Workers") ergänzt. Auch sonst erhielten Arbeitsmarktfragen ein größeres Gewicht in der Regierungspolitik. So wurde 1977 ein „Ministerial Unemployment Problem Discussion Council", ein interministerieller Ausschuß zur Bekämpfung der Arbeitslosigkeit, gegründet[2].

Die Zuständigkeit für die Arbeitsmarktpolitik liegt in Japan, wie gesagt, beim „Ministry of Labour". Innerhalb des Arbeitsministeriums kommt dem „Employment Security Bureau" zentrale Bedeutung für die Beschäftigungs-

---

[2] Vgl. Angelika Ernst, Japans unvollkommene Vollbeschäftigung, a.a.O., S. 281 ff.

Abb. 7

Die regionalen Unterschiede der Arbeitslosigkeit in Japan, 1980

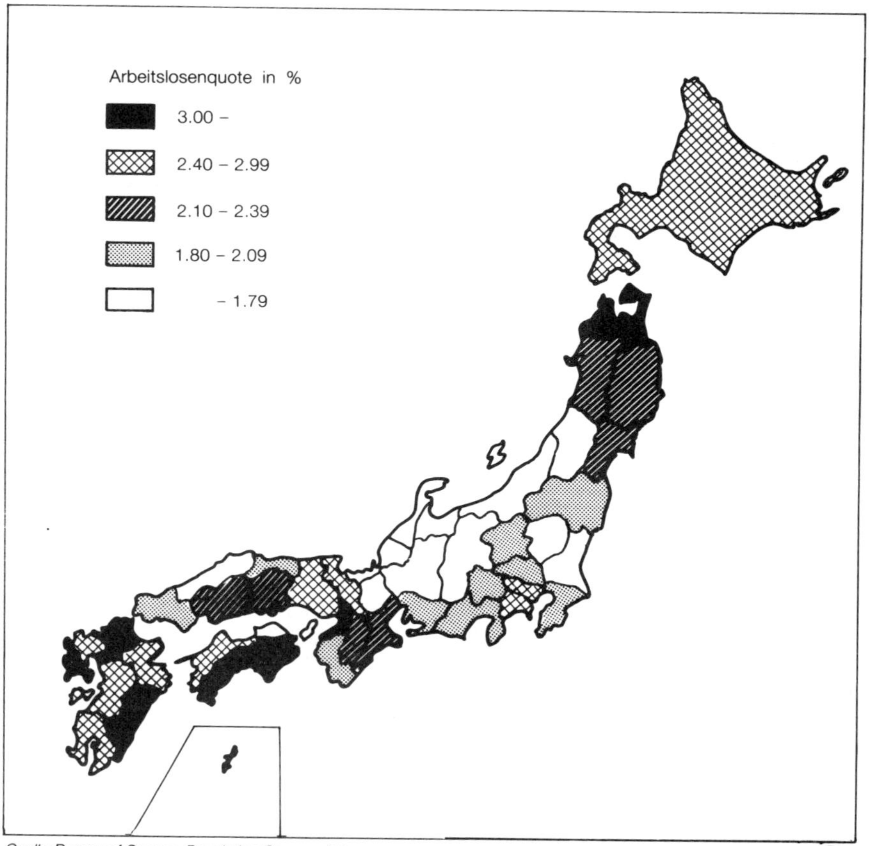

Quelle: Bureau of Census, Population Census of Japan.

IFO-INSTITUT für Wirtschaftsforschung München 183/85 ifo

sicherung zu. Es setzt sich zusammen aus der zuständigen Abteilung im „Ministry of Labour" und den in den Präfektur- und Kommunalverwaltungen eingerichteten, nachgeordneten regionalen Stützpunkten, den eigentlichen Arbeitsämtern. Seine Aufgaben sind im wesentlichen: Aufstellung und Implementierung der Basispläne für die Beschäftigungspolitik, Abwicklung der Arbeitsvermittlung, Berufsberatung und Arbeitslosenversicherung, Förderung der Beschäftigung von Behinderten, Betreuung des Beschäftigungsstabilisierungsfonds, Durchführung der Maßnahmen im Rahmen von

„SDI Workers" und „SDR Workers" sowie Aufsicht über das „Labour Market Center". Für die berufliche Bildung ist das „Vocational Training Bureau" zuständig. Zur Förderung der Arbeitsmobilität ist dem „Ministry of Labour" die „Employment Promotion Projects Corporation" angegliedert (vgl. Abbildung 8)[3].

Abb. 8

Organisatorischer Aufbau der wichtigsten beschäftigungspolitischen Institutionen[1)]

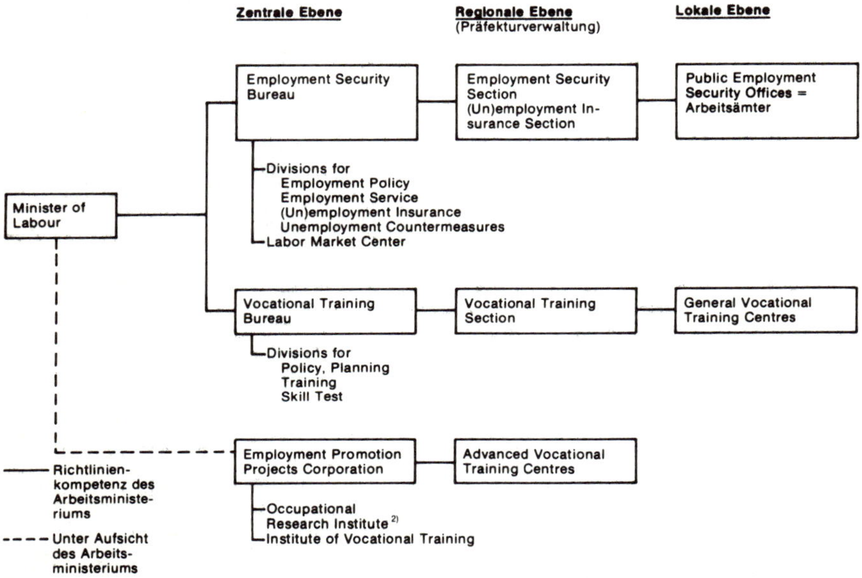

1) Die englischen Bezeichnungen sind die amtlich autorisierten Übersetzungen.
2) Seit 1981: Employment and Occupational Research Institute.

Quelle: Zitiert nach Angelika Ernst, Beschäftigungsprobleme und Beschäftigungspolitik in Japan, in: Mitteilungen aus der Arbeitsmakt- und Berufsforschung, 14. Jg. 1981, H. 2, S. 89.

Japan hat ein umfangreiches arbeitsmarktpolitisches Instrumentarium entwickelt. Das „Japan Institute of Labour" unterscheidet sechs Bereiche:

— Das Arbeitslosenversicherungssystem: seine gesetzliche Grundlage wurde 1974 durch das Beschäftigungssicherungsgesetz erneuert. Neben das traditionelle Ziel des Einkommensausgleichs bei Arbeitsplatzverlust traten beschäftigungspolitische Maßnahmen zur Sicherung von Arbeitsplätzen.

3 Vgl. Angelika Ernst, Beschäftigungsprobleme und Beschäftigungspolitik in Japan, a.a.O., S. 89 f.

— Beschäftigungsmaßnahmen für ältere Arbeitnehmer.

— Beschäftigungsmaßnahmen für körperlich und geistig Behinderte.

— Beschäftigungsmaßnahmen für Schulabgänger.

— Beschäftigungsmaßnahmen für Bauarbeiter, Wander- und Saisonarbeiter usw. sowie

— Beschäftigungsmaßnahmen zur Bekämpfung von konjunktureller und struktureller Arbeitslosigkeit.

Unter den zuletzt genannten Bereich fielen auch die Anpassungshilfen für Arbeitskräfte in Krisenbranchen und Krisenregionen. Die Aufstellung macht deutlich, daß diese Maßnahmen nur einen von mehreren Ansatzpunkten zur Förderung der Beschäftigung bildeten[4].

7.3 Das System der staatlichen Anpassungshilfen für Arbeitskräfte im Überblick

Mit der Gewährung von Anpassungshilfen für Arbeitskräfte in Krisenbranchen und Krisenregionen verfolgte die japanische Strukturanpassungspolitik das Ziel, die Entlassung von Arbeitnehmern zu verhindern, und die Wiedereingliederung der von dem Anpassungsprozeß Betroffenen zu erleichtern und den Einkommensausgleich bei Verlust des Arbeitsplatzes zu verbessern. Die Anpassungshilfen wandten sich zum einen an Arbeitskräfte, die in Krisenbranchen beschäftigt waren oder ihren dortigen Arbeitsplatz verloren hatten. Drei Kriterien wurden zur Auswahl der Krisenbranchen herangezogen: Die Industriezweige mußten erhebliche Überkapazitäten aufweisen, ihre Produktions- und Geschäftstätigkeit spürbar reduziert oder die Beschäftigtenzahl nachhaltig vermindert haben. Sofern ein Industriezweig eine oder mehrere dieser Bedingungen erfüllte, konnte das „Ministry of Labour" nach Anhörung des zuständigen Industrieverbandes und der Gewerkschaften diesen zu einer strukturschwachen Branche ernennen. Während des Zeitraums 1978 bis 1983 wurden insgesamt 40 Industriezweige zu Krisenbranchen erhoben. Darunter befanden sich im wesentlichen auch die vom Krisenbranchen-Stabilisierungsgesetz berücksichtigten Branchen.

Die Anpassungshilfen richteten sich zum anderen an Arbeitskräfte in Krisenregionen. In Anlehnung an das „Regional Small and Medium Size Firms Policy Law" wurden folgende Kriterien zur Auswahl herangezogen:

[4] Vgl. Japan Institute of Labour, Employment and Employment Policy, Japanese Industrial Relations Series No. 1, Tokyo 1982, S. 19 ff.; Ministry of Labour, Labour Administration in Japan, Tokyo 1980, S. 22 ff. Einen guten Überblick über die seit 1975 durchgeführten Reformen des beschäftigungspolitischen Instrumentariums liefert Atushi Seike, The Employment Adjustment in Japanese Manufacturing Industries in the 1970s, in: Keio Business Review, No. 22, App. B.

— Die Unternehmen strukturschwacher Industriezweige mußten einen Anteil am Umsatz der Region von mehr als einem Drittel haben,
— ein erheblicher Teil ihrer Produktionskapazitäten mußte überflüssig geworden sein,
— die Geschäftstätigkeit von Zulieferbetrieben mußte in starkem Maße beeinträchtigt worden sein,
— die Arbeitslosigkeit mußte relativ hoch sein; das Verhältnis von Bewerbern zu offenen Stellen mußte in der Region mindestens 1,5 mal so groß sein wie auf nationaler Ebene.

Auf der Grundlage dieser Kriterien wählte das „Ministry of Labour" nach Konsulation des MITI die Krisenregionen aus. Die Regionen wurden mit den örtlichen Arbeitsamtsbezirken gleichgesetzt. Bis 1982 wurden insgesamt 44 Arbeitsamtsbezirke zu Krisenregionen ernannt.

Die Gesetze „SDI Workers" und „SDR Workers" zogen die Unternehmen in die Verantwortung zur Lösung des Beschäftigungsproblems mit ein. Unternehmen strukturschwacher Industriezweige, die mehr als 30 Arbeitnehmer während eines Monats oder mehr als 100 Arbeitnehmer seit Verabschiedung der Gesetze entlassen haben, mußten einen Plan zur Wiederbeschäftigung der ausscheidenden Arbeitnehmer aufstellen. Die übrigen Unternehmen konnten freiwillig einen solchen Wiederbeschäftigungsplan entwerfen. Dieser Plan mußte Angaben über die Verwendung der Arbeitnehmer und über die Maßnahmen des Unternehmens zur Förderung ihrer Wiederbeschäftigung enthalten (vgl. Tabelle 40). Der Plan mußte den Gewerkschaften vorgelegt und vom örtlichen Arbeitsamt genehmigt werden. Danach war das Unternehmen berechtigt, finanzielle Leistungen des „Ministry of Labour" in Anspruch zu nehmen.

Die Anpassungshilfen für Arbeitskräfte in Krisenbranchen wandten sich zum einen an Arbeitgeber und damit indirekt an die bei ihnen beschäftigten Arbeitnehmer und zum anderen an Arbeitslose. Arbeitgeber konnten in drei Fällen finanzielle Leistungen in Anspruch nehmen:

— Unternehmen aus Krisenbranchen erhielten staatliche Lohnzuschüsse, wenn sie temporär nicht eingesetzten Arbeitnehmern einen Teil des Lohnes weiterzahlten, wenn sich ihre Arbeitnehmer für eine andere Tätigkeit bei vollem Lohnausgleich weiterbildeten oder wenn sie Arbeitnehmer zeitlich befristet an andere Betriebe ausliehen und einen Teil des Lohnes weiterzahlten.
— Zweitens konnten Unternehmen staatliche Lohnzuschüsse in Anspruch nehmen, wenn sie neue Arbeitsplätze schufen und diese mit 45-65jährigen Arbeitnehmern aus Krisenbranchen besetzten.
— Drittens wurden solche Betriebe staatlich unterstützt, die Arbeitslose mit einer Identifikationskarte beruflich weiterbildeten (vgl. Tabelle 41).

Tab. 40: <u>Muster für Wiederbeschäftigungspläne von Unternehmen nach dem "Act SDI Workers"</u>

(1)	(2)	(3)		(4)								
Zahl der AN insgesamt	Zahl der AN, die im Zusammenhang mit der Verkleinerung des Betriebes überflüssig werden	normales Ausscheiden		Anzahl der AN, die Gegenstand des Wiederbeschäftigungsplanes sind								
				(5)		(6)		(7)				
		Erreichen der Altersgrenze	freiwillig	AN, die innerhalb der Firma ihren Arbeitsplatz wechseln		AN, die für einen befristeten Zeitraum an eine andere Firma ausgeliehen werden		AN, die sich von der Firma trennen werden				
				insgesamt	davon bereits ausgebildet	insgesamt	davon bereits ausgebildet	insgesamt	davon bereits ausgebildet	Vermittlung an einen anderen AG	sonstige Unterstützungsmaßnahmen	keine Unterstützungsmaßnahmen

<u>Quelle</u>: Ministry of Labour

Tab. 41: Anpassungshilfen für Arbeitskräfte in Krisenbranchen (1978 - 1983)

(1) Berücksichtigte Krisenbranchen	insgesamt 40 Industriezweige; darunter: Schiffbau, Elektrostahl-, Aluminium-, Eisensilizium-, Stickstoffdünger-, Synthesefaser-, Textil- und Papierindustrie
(2) Maßnahmen für Arbeitgeber (und die bei ihnen beschäftigten Arbeitnehmer)	System 1: Maßnahmen zur Beschäftigungsanpassung; staatliche Lohnzuschüsse für Betriebe, - die temporär nicht beschäftigten Arbeitnehmern 60 % des Lohnes weiterzahlen (Staat übernimmt 50 % hiervon) - die Arbeitnehmer für eine andere berufliche Tätigkeit bei vollem Lohnausgleich weiterbilden (Staat übernimmt 50 % der Lohnzahlungen bzw. 66 % bei kleinen Betrieben) - die Arbeitnehmer zeitlich befristet an andere Betriebe ausleihen und einen Teil des Lohnes weiterzahlen (Staat übernimmt 50 % hiervon) System 2: Maßnahmen zur Schaffung von Arbeitsplätzen; staatliche Lohnzuschüsse für Betriebe, die 45-65jährige Arbeitnehmer aus Krisenbranchen beschäftigen (Staat übernimmt 25 % der Lohnzahlungen bzw. 33 % bei Kleinbetrieben für die Dauer eines Jahres) System 3: Maßnahmen zur beruflichen Fortbildung; staatliche Lohnzuschüsse für Betriebe, die Arbeitslose mit einer Identifikationskarte ausbilden (Staat zahlt monatlich 17 000 Yen an den ausbildenden Betrieb)
(3) Maßnahmen für Arbeitslose	System 1: Verlängerung der Zahlung von Arbeitslosenunterstützung; Arbeitslose über 40 Jahre mit einer Identifikationskarte erhalten 90 Tage länger Arbeitslosenunterstützung System 2: Staatliche Mobilitätshilfen; Ausbildungszulagen, Förderung der Arbeitsaufnahme

Quelle: Ministry of Labour

Die Maßnahmen für Arbeitslose konnten von solchen Arbeitslosen in Anspruch genommen werden, denen eine grüne Identifikationskarte vom Arbeitsamt ausgestellt worden war. Diese Karte erhielten Arbeitslose, die länger als ein Jahr in einem Unternehmen einer Krisenbranche beschäftigt und auf der Grundlage eines Wiederbeschäftigungsplanes entlassen worden waren. Arbeitslosen mit einer Identifikationskarte wurden folgene Leistungen angeboten:

— Sofern sie älter als 40 Jahre waren, verlängerte sich die Bezugsdauer für Arbeitslosengeld um 90 Tage.

— Darüber hinaus konnten sie staatliche Zuschüsse zur beruflichen Weiterbildung und zur Förderung der Arbeitsaufnahme (Übernahme von Bewerbungskosten, Umzugsbeihilfen usw.) in Anspruch nehmen (vgl. Tabelle 41)[5].

Die Maßnahmen zugunsten von Arbeitskräften in Krisenregionen ähnelten denen zugunsten von Arbeitskräften in Krisenbranchen weitgehend. Der Maßnahmenkatalog läßt sich aus Tabelle 41 ableiten, indem an die Stelle von „Krisenbranchen" „Krisenregionen" gesetzt wird. So erhielten z. B. Betriebe in Krisenregionen staatliche Lohnzuschüsse, wenn sie temporär nicht eingesetzten Arbeitnehmern 60% des Lohnes weiterzahlten (System 1). Ebenso konnten solche Betriebe staatliche Zuschüsse in Anspruch nehmen, die Arbeitsplätze schufen und sie mit 45-65jährigen Arbeitnehmern aus Krisenregionen besetzten (System 2). Über diese Maßnahmen hinaus sah der „Act SDR Workers" vor, daß bei öffentlichen Auftragsarbeiten mindestens 40% der Neueinstellungen Arbeitskräfte aus Krisenregionen sein mußten[6].

7.4 Ergebnisse der Anpassungspolitik

Im Zeitraum von 1978 bis November 1982 stellten 6600 Unternehmen Wiederbeschäftigungspläne auf. Diese Zahl erhöhte sich bis September 1984 auf 7700 Unternehmen. Gut 10% der Unternehmen waren hierzu gesetzlich verpflichtet, die übrigen Unternehmen erstellten die Pläne freiwillig. In den 7700 Unternehmen waren insgesamt 840 000 Arbeitnehmer beschäftigt. Hiervon verloren gut 170 000 ihren Arbeitsplatz. 6% wechselten ihren Arbeitsplatz innerhalb des Unternehmens, 6% wurden für einen befristeten Zeitraum an ein anderes Unternehmen ausgeliehen und 88% schieden aus dem Unternehmen endgültig aus und nahmen dabei zum Teil staatliche Unterstützung in Anspruch.

Bis November 1982 wurden 103 000 Identifikationskarten ausgestellt, bis September 1984 weitere 16 000. Die meisten der berücksichtigten Arbeitnehmer hatten zuvor im Schiffbau (40%) und in der Textilindustrie (30%) gearbeitet. Von diesen Arbeitslosen fanden 68 000 bis November 1982 und weitere 12 000 bis September 1984 einen neuen Arbeitsplatz. Etwa 65% der Arbeitsplätze wurden durch die Arbeitsämter vermittelt.

Für die Anpassungshilfen für Arbeitskräfte in Krisenbranchen und Krisenregionen wurden im Zeitraum 1978 bis 1982 117 Mrd. Yen bereitgestellt

---

[5] Vgl. auch Haruo Shimada, Employment Adjustment and Employment Policies: Japanese Experience, a.a.O., S. 16 ff.

[6] Vgl. Sueo Sekiguchi, Toshihiro Horiuchi, Trade and Adjustment Assistance Policies, a.a.O., S. 16.

und 45 Mrd. Yen in Anspruch genommen. Die finanziellen Leistungen zugunsten der Arbeitnehmer waren quantitativ weitaus bedeutsamer als die Aufwendungen für Klein- und Mittelbetriebe (vgl. Abschnitt 6.4), ganz zu schweigen von den geringen Leistungen, die im Rahmen des Krisenbranchen-Stabilisierungsgesetzes bereitgestellt wurden (vgl. Abschnitt 4.4.3). Knapp 75% der Mittel wurden für die Zahlung von Arbeitslosengeld und nur 25% für Maßnahmen zur Beschäftigungsförderung verwendet. Von den insgesamt im Betrachtungszeitraum bereitgestellten Haushaltsmitteln wurden nur 38% in Anspruch genommen (vgl. Tabelle 42). Hierfür dürfte zum einen die Vielfalt der konkurrierenden Förderprogramme im Bereich der Arbeitsmarktpolitik, zum anderen aber auch das komplizierte Antrags- und Bewilligungsverfahren verantwortlich gewesen sein[7].

Inwieweit die Anpassungshilfen für Arbeitskräfte in Krisenbranchen den sektoralen Strukturwandel gefördert oder aber strukturerhaltend gewirkt haben, läßt sich für die Maßnahmen insgesamt nur schwer angeben, da die einzelnen Leistungen sich unterschiedlich ausgewirkt haben dürften. Lohnzuschüsse an Betriebe prosperierender Branchen, die Arbeitskräfte aus strukturschwachen Industriezweigen weiterbeschäftigten, staatlich geförderte Umschulungsmaßnahmen, Mobilitätshilfen usw. dürften den intersektoralen Transfer von Arbeitskräften begünstigt haben. Demgegenüber dürfte die Zahlung von Arbeitslosengeld den Strukturwandel kaum beeinflußt haben. Die Gewährung von Lohnzuschüssen an Betriebe aus Krisenbranchen, die Arbeitskräfte aus derselben Branche weiterbeschäftigten oder ausbildeten, stellten schließlich eine Erhaltungssubvention dar. Strukturerhaltende Maßnahmen nahmen, wie eine Untersuchung des „Ministry of Labour" zeigt, entgegen der Intention des Gesetzes einen ziemlich breiten Raum ein[8].

---

[7] Vgl. Haruo Shimada, Employment Adjustment and Employment Policies: Japanese Experience, a.a.O., S. 19.

[8] Vgl. Sueo Sekiguchi, Toshihiro Horiuchi, Trade and Adjustment Assistance Policies, a.a.O., S. 20 und Fußnote 25.

Tab. 42: Anpassungshilfen für Arbeitskräfte in Krisenbranchen und Krisenregionen - Haushaltsansätze und Ausgaben in Mill.Yen, 1978 - 1982 -

	1978		1979		1980		1981		1982		1978-1982	
	H	A	H	A	H	A	H	A	H	A	H	A
Verlängerung der Bezugsdauer der Arbeitslosenversicherung (Act SDI Workers)	2 639	3 456	10 322	5 076	9 899	1 372	5 120	934	3 556	830	31 536	11 668
Verlängerung der Bezugsdauer der Arbeitslosenversicherung (Act SDR Workers)	0	1 114	31 154	4 764	12 870	4 388	8 201	5 120	5 234	6 571	57 459	21 957
Beschäftigungspolitische Maßnahmen (insgesamt)	2 402	499	9 863	5 556	9 916	4 637	4 572	600	1 611	58	28 364	11 350
Insgesamt	5 041	5 069	51 339	15 396	32 685	10 397	17 893	6 654	10 401	7 459	117 359	44 975

H = Haushaltsansätze. A = Ausgaben.

Quelle: Ministry of Labour.

8. Die Strukturanpassungspolitik seit 1983

8.1 Neue Elemente der Strukturanpassungspolitik

Die 1978 eingeleitete Strukturanpassungspolitik war auf fünf Jahre befristet. Es gelang in dieser Zeit, die Produktionskapazitäten in strukturschwachen Industriezweigen zu reduzieren und Arbeitskräfte in die Wachstumssektoren zu transferieren (vgl. Abschnitt 4.5). Gleichwohl wiesen die meisten dieser Industriezweige — als Folge der zweiten Ölpreiskrise — weiterhin unterausgelastete Kapazitäten auf. Die Existenz zahlreicher Unternehmen, insbesondere in der Grundstoffindustrie, war gefährdet. Die Arbeitslosigkeit hatte ein höheres Niveau als Ende der siebziger Jahre erreicht. Angesichts dieser Entwicklung entschloß sich die japanische Regierung, die Strukturanpassungspolitik für weitere fünf Jahre fortzusetzen. Beauftragt von MITI legte der Unterausschuß Grundstoffindustrien des „Industrial Structure Council" im Dezember 1982 einen Bericht mit Empfehlungen zur zukünftigen Strukturanpassungspolitik vor[1]. Dieser bildete die Grundlage für die 1983 verabschiedeten Gesetze zur Strukturanpassungspolitik.

Gegenstand der Strukturanpassungspolitik sind — wie 1978 — die Großunternehmen in strukturschwachen Industriezweigen, die Klein- und Mittelbetriebe in Krisenregionen sowie die Arbeitskräfte in Krisenbranchen und Krisenregionen. Die gesetzliche Grundlage für die Strukturanpassungspolitik gegenüber Großunternehmen bildet das Branchenstruktur-Verbesserungsgesetz („Law on Temporary Measures for the Structural Improvement of Specified Industries"). Klein- und Mittelbetriebe werden gefördert aufgrund des „Law on Temporary Measures for Specified Small and Medium Enterprises Located in Depressed Regions" (kurz: „SDR Small Firms"). Maßnahmen zugunsten von Arbeitskräften werden auf der Grundlage des „Law on Temporary Measures for Employment Security of Workers in Specified Depressed Industries or Depressed Regions" (kurz: „SDI and SDR Workers") ergriffen.

Die seit 1983 verfolgte Strukturanpassungspolitik weist Gemeinsamkeiten mit der bis dahin gültigen Politik auf, enthält jedoch auch neue Elemente. Gemeinsam ist dem Branchenstruktur-Verbesserungsgesetz und dem Krisenbranchen-Stabilisierungsgesetz, daß sie den Abbau von Produktionska-

[1] Vgl. MITI, The Positive Adjustment Policy for Basic Materials Industries . . ., a.a.O., sowie Abschnitt 2.3.3.

pazitäten in strukturschwachen Industriezweigen anstreben. Das Branchenstruktur-Verbesserungsgesetz bleibt hier jedoch nicht stehen. Aus der Erkenntnis heraus, daß die Reduzierung von Kapazitäten zwar das Angebot an eine gesunkene Nachfrage anpassen, nicht jedoch die nach der zweiten Ölpreiskrise für die Grundstoffindustrien typischen Wettbewerbsnachteile gegenüber ausländischen Anbietern ausgleichen kann, zielt es über den Kapazitätsabbau hinaus auf eine Steigerung der Konkurrenzfähigkeit dieser Branchen durch Revitalisierung ab. Investitionen, die der Verminderung des Energie- und Materialverbrauchs sowie der Entwicklung neuer Technologien und Produkte dienen, werden deshalb von staatlicher Seite gefördert. Um Kostensenkungen zu ermöglichen, läßt das Branchenstruktur-Verbesserungsgesetz des weiteren zu, daß Unternehmen strukturschwacher Industriezweige Produktionsabsprachen treffen, gemeinsame Absatzgesellschaften gründen, sich für FuE-Aktivitäten zusammenschließen usw. Allerdings ist für die Kooperation von Unternehmen eine wohlwollende Stellungnahme der „Fair Trade Commission" erforderlich[2].

Nicht nur das Branchenstruktur-Verbesserungsgesetz, sondern auch die Gesetze „SDR Small Firms" und „SDI and SDR Workers" von 1983 sind stärker auf eine Umstrukturierung der strukturschwachen Branchen gerichtet als die Gesetze von 1978. So geht die Strukturpolitik gegenüber Klein- und Mittelbetrieben von der bloßen Existenzsicherung ab und fördert verstärkt Diversifizierungsmaßnahmen, Prozeßinnovationen usw. Ebenso sind die Anpassungshilfen für Arbeitskräfte stärker darauf gerichtet, Arbeitslosigkeit zu verhindern, als im Nachhinein den Arbeitslosen zu helfen. Der Tenor der neuen Strukturanpassungspolitik läßt sich wie folgt zusammenfassen: Neben den Abbau von Produktionskapazitäten treten die Förderung von Innovationen und die Kooperation von Unternehmen in strukturschwachen Industriezweigen, um so die Lebensfähigkeit der Unternehmen in diesen Branchen langfristig zu sichern.

8.2 Die Anpassungspolitik unter dem Branchenstruktur-Verbesserungsgesetz von 1983

Der Verabschiedung des Branchenstruktur-Verbesserungsgesetzes ging eine intensive Diskussion zwischen MITI, Industrieverbänden und Gewerkschaften voraus. Zwar bestand weitgehende Einigkeit darüber, daß die Grundstoffindustrien vor schwerwiegenden strukturellen Problemen stehen,

[2] Vgl. Ichiro Fujiwara, Helping Depressed Industries Help Themselves, in: Economic Eye, Juni 1983, S. 3; Industrial Bank of Japan, Expectations Placed on the New Law Concerning Measures for Basic Materials Industries, in: Japanese Finance and Industry, July-September 1983, No. 55, S. 1 ff.

ohne deren Lösung die japanische Wirtschaft insgesamt Schaden nehmen würde. Auch wurde nicht bezweifelt, daß zusätzlich zum Abbau von Produktionskapazitäten Maßnahmen zur Revitalisierung der Grundstoffindustrien ergriffen werden müßten. An zwei Punkten entzündete sich jedoch eine lebhafte Kontroverse: Zum einen wurde der Standpunkt vertreten, daß die von MITI geforderten Möglichkeiten der Unternehmenskooperation den Wettbewerb in starkem Maße einschränken und damit im Widerspruch zum „Anti-Monopoly-Law" stehen würden. Zum anderen wurde von den Gewerkschaften geargwöhnt, daß der Prozeß der Beschäftigungsanpassung nicht genügend abgefedert würde und die Lasten der Strukturanpassung einseitig von den Arbeitnehmern zu tragen wären. Nach Modifikationen des ursprünglichen Gesetzentwurfs konnte das Branchenstruktur-Verbesserungsgesetz im Mai 1983 verabschiedet werden. Es ist bis Juni 1988 gültig.

Waren zwischen 1978 und 1983 14 Industriezweige in die Strukturanpassungspolitik einbezogen worden, so erhöhte sich die Zahl seit 1983 auf 22 Branchen. Bei der Auswahl der Industriezweige wurden dieselben Kriterien angelegt wie 1978. Von den ursprünglich 14 Branchen wurden 11 als weiterhin strukturschwach deklariert. Lediglich die Schiffbauindustrie sowie die Baumwoll- und Kammgarnspinnereien wurden nicht mehr einbezogen. Angesichts der relativ niedrigen Kapazitätsauslastung überrascht diese Entscheidung im Fall des Schiffbaus. Sie wird von seiten des „Ministry of Transport" und des Schiffbauverbandes damit begründet, daß bis Ende der achtziger Jahre die Nachfrage wieder zunehmen werde (vgl. Abschnitt 5.1.4). Neu in das Branchenstruktur-Verbesserungsgesetz 1983 wurden einige Produktionssparten der chemischen Industrie und der Düngemittelindustrie sowie die Herstellung von Viskosespinnfasern und Polyvinylchloridröhren, Zuckerraffinerien, die Papierindustrie (ohne japanisches Papier) und die Zementindustrie aufgenommen (vgl. Tabelle 43 und 44).

Ziel der Strukturanpassungspolitik ist auch unter dem Branchenstruktur-Verbesserungsgesetz der systematische Abbau von Überkapazitäten, um damit die wirtschaftliche Erholung strukturschwacher Industriezweige zu ermöglichen. Die Festlegung des Ausmaßes der geplanten Kapazitätsreduzierung wie auch die Aufteilung des sektoralen Kapazitätsabbaus auf die einzelnen Unternehmen erfolgten nach den bisher gültigen Prinzipien und Verfahrensweisen (vgl. Abschnitt 4.3). In Tabelle 44 ist das Ausmaß des 1983 geplanten Kapazitätsabbaus für die 22 erfaßten Industriezweige zusammengestellt worden. Danach sollten zwischen 11% und 36% der 1982 bestehenden Kapazitäten in den einzelnen Industriebranchen abgebaut werden[3]. Le-

[3] Für die Aluminiumindustrie sind vom MITI der 1978 geplante Kapazitätsabbau von 530 000 t und der 1981 geplante Abbau von 400 000 t angegeben und zur Ist-Kapazität des Jahres 1977 in Beziehung gesetzt worden. Im Jahre 1983 hatte man nicht die Absicht, die Kapazitäten weiter zu reduzieren. Erst 1984 wurde eine nochmalige Verminderung der Kapazitäten um 350 000 t beschlossen (vgl. Abschnitt 5.2.4).

Tab. 43: Das Branchenstruktur-Verbesserungsgesetz von 1983 im Überblick

(1) Erfaßte Industriezweige	Per Gesetz: Aluminiumindustrie, Elektrostahlindustrie, Herstellung von Synthesefasern (4), Düngemittelindustrie (5), Eisensiliziumindustrie, Papierindustrie (2), Petrochemie (4) Per Verordnung: Herstellung von Viskosespinnfasern und Polyvinylchloridröhren, Zuckerraffinerien, Zementindustrie
(2) Zielsetzung	Abbau überschüssiger Produktionskapazitäten; Revitalisierung der Unternehmen strukturschwacher Industriezweige; Kostensenkung durch Unternehmenskooperation
(3) Informationsgrundlage	Strukturanpassungspläne für die jeweiligen Industriezweige
(4) Maßnahmen	
- Steuervergünstigungen	Vorgezogene Abschreibungen beim Kapazitätsabbau; Sonderabschreibungen (18 % im ersten Jahr) für Revitalisierungsinvestitionen; Verschiedene Steuervorteile bei Unternehmenskooperation
- Subventionen (für)	die Substitution von Öl durch Kohle bei der Stromerzeugung; ölsubstituierende Prozeßtechnologien FuE-Aktivitäten
- Kredite	Kreditgarantiefonds für Kredite an strukturschwache Industrien zwecks Kapazitätsreduzierung; Zinsgünstige Kredite der Japan Development Bank für Revitalisierungsinvestitionen, für Energie-Einsparmaßnahmen und für FuE-Aktivitäten Zinsgünstige Kredite für Abfindungen bei vorzeitigem Ausscheiden von Mitarbeitern
- sonstige	Bildung von Kartellen für den Abbau von Produktionskapazitäten

( ) Anzahl der einbezogenen Produktionssparten.

Quelle: Industrial Bank of Japan; Ifo-Institut.

Tab.44: Abbau von Produktionskapazitäten und Unternehmenskooperationen unter dem Branchenstruktur-Verbesserungsgesetz von 1983[a)]

Industriezweige	Geplanter Kapazitätsabbau		Art der Unternehmenskooperation
	in 1000 t	in %	
Aluminiumindustrie[b)c)]	930	57	-
Elektrostahlindustrie [b)]	3 800	14	-
Herstellung von Nylonfäden[b)]	-	-	-
Herstellung von Acrylfasern[b)]	-	-	-
Herstellung von Polyesterfäden b)	-	-	-
Herstellung von Polyesterfasern b)	-	-	-
Herstellung von Harnstoff[b)]	830	36	-
Herstellung von Ammoniak[b)]	660	20	Konzentration der Produktion
Flüssigphosphorindustrie[b)]	130	17	Konzentration der Produktion
Wellpappeindustrie[b)]	1 537	20	Konzentration der Produktion
Eisensiliziumindustrie[b)]	50	14	-
Herstellung von Magnesiumphosphatdüngemitteln	240	32	Konzentration der Produktion
Herstellung von Mehrstoffdüngemitteln	810	13	Fusion
Herstellung von Äthylen	2 290	36	Konzentration der Produktion
Herstellung von Polyolefinen	900	22	Gründung gemeinsamer Absatzgesellschaften
Herstellung von Polyvinylchlorid	490	24	Konzentration der Produktion
Herstellung von Äthylenoxyd	201	27	Rationalisierung des Vertriebs
Herstellung von Viskosespinnfasern	48	15	-
Herstellung von Polyvinylchloridröhren	116	18	Konzentration der Produktion und Rationalisierung des Vertriebs
Zuckerraffinerien	1 000	26	-
Papierindustrie (ohne japanisches Papier)	950	11	Fusion
Zementindustrie	30 000	23	unspezifiziert

a) Stand September 1984. - b) Industriezweige, die auch in das Krisenbranchen-Stabilisierungsgesetz 1978 einbezogen waren. - c) Geplanter Kapazitätsabbau 1978 und 1981/Ist-Kapazität 1977 (ohne Abbauplan 1984).

Quelle: MITI.

diglich für die vier Bereiche der Synthesefaserindustrie sind keine Kapazitätsreduzierungsziele vorgegeben worden[4].

Anders als das Krisenbranchen-Stabilisierungsgesetz, das die strukturellen Probleme von Krisenbranchen durch Gesundschrumpfen lösen wollte, strebt das Branchenstruktur-Verbesserungsgesetz über den Abbau von Produktionskapazitäten hinaus eine Revitalisierung der strukturschwachen Industriezweige an. Es geht — wie schon gesagt — von der Erkenntnis aus, daß eine Reduzierung der Kapazitäten lediglich das Angebot an eine rückläufige Nachfrage anpaßt. Damit aber würde nur auf eines der Probleme reagiert, vor denen die Grundstoffindustrien stehen würden. Der Verlust an internationaler Wettbewerbsfähigkeit, der die Grundstoffindustrien kennzeichnete[5], ließe sich damit nicht bekämpfen. Hierzu bedürfe es der folgenden Revitalisierungsmaßnahmen, die das Branchenstruktur-Verbesserungsgesetz vorsieht:

- Reduzierung der Rohstoff- und Energiekosten durch Einsatz rohstoff-und energiesparender Prozeßtechnologien, durch Diversifizierung des Rohstoff- und Energieangebots und durch Reduzierung ihrer Preise;
- Herstellung höherwertiger Produkte (mit einer höheren Wertschöpfung), die der Importkonkurrenz weniger ausgesetzt sind;
- Entwicklung neuer Produkte auf der Grundlage neuer Materialien, neuer Verfahrenstechnologien usw.[6]

Die Revitalisierung strukturschwacher Industriezweige wird in erster Linie als Aufgabe der Unternehmen dieser Branchen angesehen. Gleichwohl fördert der Staat Investitionen, die zu diesem Zweck getätigt werden[7].

Neben dem Abbau von Produktionskapazitäten und der Revitalisierung strebt das Branchenstruktur-Verbesserungsgesetz eine Kostensenkung in strukturschwachen Industriezweigen durch verstärkte Unternehmenskooperation an. Dieses sog. „business tie-up" kann von der Errichtung gemeinsamer Produktionsstätten, Verkaufs- und Einkausgesellschaften, Lagerhallen usw. über Absprachen, Produktionsbereiche untereinander aufzuteilen (Produktspezialisierung), bis hin zur Übernahme anderer Unternehmen und zu Fusionen reichen. Durch die Unternehmenskooperation sollen „economics of scale" erzielt und die Zahl der miteinander konkurrierenden Wirtschaftseinheiten reduziert werden.

[4] Nicht den Abbau von Produktionskapazitäten, sondern die Revitalisierung und Unternehmenskooperation strebte die Synthesefaserindustrie an, als sie erneut den Status einer strukturschwachen Industrie in Anspruch nahm (vgl. Abschnitt 5.4.3).

[5] Vgl. MITI, The Positive Adjustment Policy for the Basic Materials Industry, a.a.O.

[6] Vgl. Industrial Bank of Japan, a.a.O., S. 4.

[7] Zum Verhältnis von Eigeninitiative und staatlicher Förderung vgl. z. B. Hiroya Ueno, Countering International Criticisms of Japan's Industrial Policy, in: Look Japan, August 10, 1983.

Vor Verabschiedung des Branchenstruktur-Verbesserungsgesetzes kam es zu einer heftigen Diskussion um die geplante Zulassung von Unternehmenskooperationen. Während MITI und die Industrieverbände für verstärkte Kooperationsmöglichkeiten eintraten und diese ebenso wie die staatlich angeordneten Kartelle von einer Anwendung des „Anti-Monopoly-Law" ausnehmen wollten, lehnten die „Fair Trade Commission" und die liberalen Ökonomen — unterstützt von den USA — diese mit dem Hinweis auf die drohenden Wettbewerbs- und Importbeschränkungen ab[8]. Man einigte sich schließlich auf einen Kompromiß. Die „Fair Trade Commission" konnte eine zweite Ausnahmeregelung gegenüber dem „Anti-Monopoly-Law" verhindern, MITI die Unternehmenskooperation zu einem Bestandteil der Strukturanpassungspolitik machen.

Welches Genehmigungsverfahren für Unternehmenskooperationen sieht das Branchenstruktur-Verbesserungsgesetz vor? Unternehmen, die miteinander kooperieren wollen, stellen einen Antrag auf Genehmigung beim MITI. Dieses prüft, ob die Kooperation zu einer Strukturverbesserung im Sinne des Strukturverbesserungsplanes führt, den Interessen der Verbraucher und der Beschäftigten nicht zuwiderläuft und den Wettbewerb nicht zu sehr einschränkt[9]. Kommt MITI zu einer positiven Bewertung, leitet es, falls dies notwendig erscheint, den Antrag mit Bitte um eine wettbewerbsrechtliche Stellungnahme an die „Fair Trade Commission" weiter. Erst danach fällt MITI die endgültige Entscheidung. Damit ist das Verfahren aber nicht abgeschlossen. Sofern bei der Durchführung der Unternehmenskooperation unerwartete Wettbewerbsbeschränkungen auftraten, hat die „Fair Trade Commission" das Recht, MITI zu ersuchen, seine Genehmigung zu widerrufen. Dabei wird angestrebt, zu einer Annäherung der Standpunkte zu kommen[10].

Seit der Verabschiedung des Branchenstruktur-Verbesserungsgesetzes ist es in einer Reihe von Industriezweigen zu Unternehmenskooperationen gekommen. Diese bestanden vor allem in Absprachen zur Produktionsaufteilung, in der Gründung gemeinsamer Absatzgesellschaften und in Fusionen (vgl. Tabelle 44). Der Wunsch nach Unternehmenskooperation war besonders stark in der chemischen Industrie verbreitet (vgl. Abschnitt 8.3).

War es mit der Verabschiedung des Branchenstruktur-Verbesserungsgesetzes zu einer Erweiterung der Zielsetzung der Strukturanpassungspolitik gekommen, so wurde auch das staatliche Instrumentarium ergänzt. Zu den Bestandteilen der staatlichen Strukturanpassungspolitik gehören weiterhin:

---

[8] Vgl. Frank K. Upham, a.a.O., S. 25 ff.; Nihon Keizai, February 3, 1983.

[9] Nach Aussagen der MITI ist eine Beschränkung der Importe konkurrierender Produkte ebensowenig zulässig wie die Bildung von Importkartellen.

[10] Vgl. Industrial Bank of Japan, a.a.O., S. 4 ff.; Ichiro Fujiwara, a.a.O., S. 5.

Abb. 9

Entscheidungsprozesse der Strukturanpassungspolitik unter dem Branchenstruktur-Verbesserungsgesetz von 1983

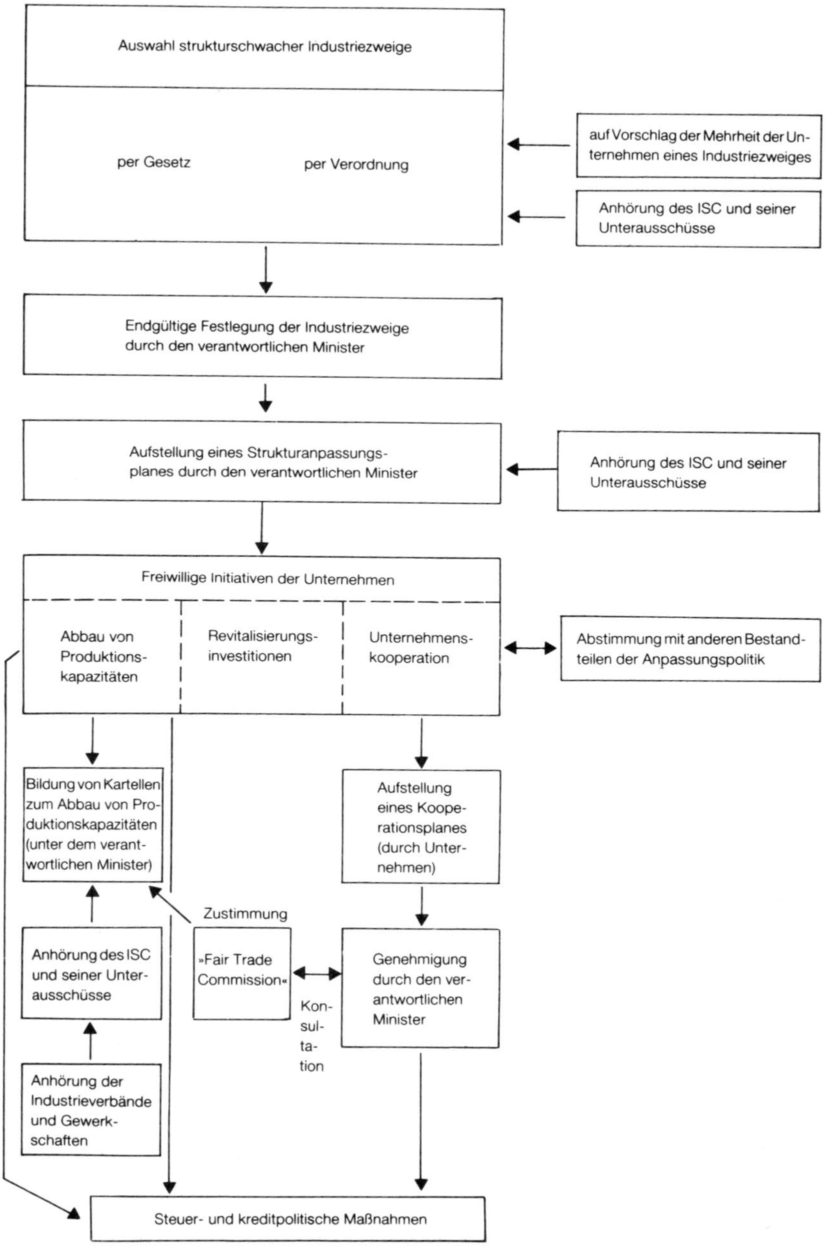

Quelle: MITI.

— Die Aufstellung sektoraler Strukturanpassungspläne (bisher: Stabilisierungspläne), welche die Ziele und Maßnahmen der sektoralen Strukturanpassungspolitik festlegen[11],

— die Legalisierung der Kartellbildung für Unternehmen, die Produktionskapazitäten abbauen, sowie

— die staatliche Gewährung von Kreditgarantien (vgl. Abbildung 9).

Neu hinzugekommen sind folgende steuer- und kreditpolitische Maßnahmen:

— Vorgezogene Abschreibungen beim Kapazitätsabbau, Sonderabschreibungen für Revitalisierungsinvestitionen, verschiedene Steuervorteile bei Unternehmenskooperation

— Subventionierung der Substitution von Öl durch Kohle bei der Stromerzeugung, des Einsatzes ölsubstituierender Prozeßtechnologien und Durchführung von FuE-Maßnahmen[12].

— Gewährung zinsgünstiger Kredite für Revitalisierungsinvestitionen, für Energiesparmaßnahmen, für FuE-Aktivitäten und für Abfindungen bei vorzeitigem Ausscheiden von Mitarbeitern (vgl. Tabelle 44).

8.3 Die Strukturanpassungspolitik am Beispiel der petrochemischen Industrie

Nachdem im Jahre 1978 noch keine Notwendigkeit bestanden hatte, die petrochemische Industrie Japans in die Strukturanpassungspolitik einzubeziehen, geriet sie Anfang der achtziger Jahre in eine strukturelle Krise. Bei abnehmender Binnennachfrage und ansteigenden Importen ging z. B. die Äthylenproduktion von 4,8 Mill. t im Jahre 1979 auf 3,6 Mill. t im Jahre 1982 zurück. Die Auslastung der Produktionskapazitäten verminderte sich auf weniger als 60%[13]. Die Petrochemie machte Verluste. Für diese Entwicklung war vor allem die zweite Ölpreiskrise verantwortlich[14]. Sie führte insbeson-

[11] Kurzfassungen der Strukturanpassungspläne für die Herstellung von Äthylen, Polyolefinen, Polyvinylchlorid, Ammoniak, Harnstoff, Mehrstoff- und Magnesiumphosphatdüngemitteln sowie die Flüssigphosphorindustrie finden sich in Nihon Keizai Shimbun, June 21, 1983, und William V. Rapp, a.a.O.

[12] Im Fiskaljahr 1983 wurden Haushaltsmittel in Höhe von 22 Mill. Yen, 23,1 Mill. Yen und 4,6 Mill. Yen für die drei Subventionsbereiche bereitgestellt. Diese Zahlen lassen die geringe quantitative Bedeutung der Maßnahmen erkennen. Vgl. Sueo Sekiguchi, Toshihiro Horiuchi, Trade and Adjustment Assistance Policies, a.a.O., FN 23.

[13] Vgl. Japan Petrochemical Industry Association, Petrochemical Industry of Japan 1984, Tokyo 1984; William V. Rapp, a.a.O., S. 19.

[14] Vgl. z. B. Handelsblatt vom 10.12.1982; Japan Times vom 19.9.1983.

dere in Japan, dessen Petrochemie als Rohstoff Naphta verwendet, zu Preissteigerungen und damit zu Nachfrageeinbußen bei chemischen Produkten. Sie verminderte überdies die Wettbewerbsfähigkeit der japanischen Petrochemie gegenüber Herstellern in Kanada und in den USA, die den Erdgasbestandteil Äthan als Grundstoff einsetzen[15].

Angesichts der strukturellen Probleme legte der Unterausschuß chemische Industrie des „Industrial Structure Council" im Dezember 1982 einen Bericht vor, in dem die Notwendigkeit der Einbeziehung der chemischen Industrie in die Strukturanpassungspolitik begründet und strukturpolitische Empfehlungen abgegeben wurden. Mit der Verabschiedung des Branchenstruktur-Verbesserungsgesetzes im Mai 1983 wurden folgende Produktionssparten der Petrochemie zu strukturschwachen Industriezweigen erklärt: die Herstellung von Äthylen, Polyolefinen, Polyvinylchlorid und von Äthylenoxyd. Es wurden Strukturverbesserungspläne verabschiedet, welche den Abbau von Produktionskapazitäten, Revitalisierungsmaßnahmen und als besonders hervorstechenden Bestandteil die Kooperation von Unternehmen zum Gegenstand hatten (vgl. Tabelle 45).

Der Strukturverbesserungsplan für die Äthylenherstellung sieht vor, daß bis März 1985 Produktionskapazitäten in Höhe von 2,3 Mill. t, d. h. 36% der bisherigen Kapazitäten abgebaut werden. Es erwies sich als schwierig, sich auf dieses Kapazitätsreduzierungsziel zu verständigen. Insbesondere konnten die Äthylenhersteller sich nicht einigen, nach welchem Kriterium der Kapazitätsabbau der einzelnen Unternehmen sich bemessen sollte: nach der Ist-Kapazität, nach dem Umsatz des letzten Jahres oder nach dem Umsatz der letzten drei Jahre der einzelnen Firmen. Auf einer Europa-Reise einigten sich die Präsidenten der betroffenen Unternehmen darauf, daß jedes Unternehmen bei seinem Kapazitätsabbau von dem jeweils günstigsten der drei Kriterien ausgehen durfte. Außerdem sollte es möglich sein, einen Teil der nach dieser Formel verbleibenden Kapazitäten an andere Unternehmen abzugeben. Im September 1983 schlossen die 12 Äthylen-Hersteller ein Kapazitätsreduzierungskartell ab. Neben dem Abbau von Produktionskapazitäten können die Äthylen-Hersteller Produktionsabsprachen treffen mit dem Ziel, die effizientesten Anlagen für die Äthylen-Produktion einzusetzen. Darüber hinaus sollen Energiesparmaßnahmen, die Diversifizierung des Rohstoffein-

---

[15] Hinzu kam, daß bis 1982 zum Schutz der heimischen Raffinerien der Import von Naphta beschränkt und zudem mit einer Importsteuer belegt war, so daß Anfang der achtziger Jahre der Naphta-Preis in Japan gut 5 % über dem europäischen Preis lag. Im April 1982 wurde diese Regelung auf Druck der Petrochemie aufgehoben, so daß Preisunterschiede zwischen importiertem und heimischem Naphta seitdem nicht mehr bestanden. Vgl. Amelia Porges, a.a.O., S. 14 ff., Yoshio Tokuhisa, Does the Petrochemical Industry Need Special Protection?, in: Economic Eye, June 1983, S. 11; Jimmy W. Wheeler, Merit E. Janow, Thomas Pepper, Japanese Industrial Development Policies in the 1980s, Implications for U. S. Trade and Investment, Croton-on-Hudson 1982, S. 170 ff.

Tab. 45: Strukturverbesserungspläne in der petrochemischen Industrie

Produktionssparten	Äthylen	Polyolefine	PVC	Äthylenoxyd
Kapazitätsabbau Ist-Kapazität (1000 t)	6 350	4 120	2 010	745
Geplanter Abbau 1000 t %	 2 290 36	 900 22	 490 24	 201 27
Zeithorizont	März 1985	Juni 1985	März 1985	März 1985
Zeitpunkt, bis zu dem keine Ersatz- und Erweiterungsinvestitionen getätigt werden dürfen	Juni 1988	Juni 1988	Juni 1988	Juni 1988
Revitalisierungsmaßnahmen	Energieeinsparmaßnahmen, Diversifizierung des Rohstoffeinsatzes, Entwicklung neuer Katalysatoren	Energieeinsparmaßnahmen, Entwicklung neuer Materialien, Produktdiversifizierung	Energieeinsparmaßnahmen, Produktdiversifizierung	Energieeinsparmaßnahmen, Produktdiversifizierung
Unternehmenskooperation	Produktionsabsprachen zum Einsatz der effizientesten Anlagen	Gründung von 4 gemeinsamen Absatzgesellschaften, Produktionsabsprachen innerhalb der 4 Gruppen	Produktionsabsprachen, gemeinsamer Einkauf von Rohstoffen	Rationalisierung des Vertriebs

Quelle: Kawamura, Present Condition of the Reorganization of Japan's Petrochemical Industry, May 1984; MITI, Basic Plan for the Structural Adjustment of the Ethylene Manufacturing Industry, June 21, 1983; Nihon Keizai, August 31, 1983.

satzes und die Entwicklung neuer Katalysatoren zur Revitalisierung der Branche beitragen[16].

Für die Herstellung von Polyolefinen ist eine Reduzierung der Produktionskapazitäten um 900 000 t, d. h. um 22% bis Juni 1985 vorgesehen. Auch hier wurde ein Kapazitätsreduzierungskartell abgeschlossen. Daneben haben die 18 Hersteller, nachdem die „Fair Trade Commission" ihren anfänglichen Widerstand aufgegeben hatte, sich zu vier Gruppen zusammengeschlossen, die ihren Absatz jeweils über eine gemeinsame Verkaufsgesellschaft abwickeln[17]. Hierdurch sollen die Distributionskosten gesenkt werden. Auch ist beabsichtigt, daß innerhalb der vier Gruppen Produktionsabsprachen erfolgen, um so die Produktionseffizienz zu erhöhen[18]. Energieeinsparmaßnahmen, die Entwicklung neuer Materialien und Produktdiversifizierung sollen schließlich die Revitalisierung fördern. Laut Strukturverbesserungsplan werden die Kapazitäten der PVC-Hersteller um 24% und die der Hersteller von Äthylenoxyd um 27% reduziert. Nachdem die PVC-Hersteller schon 1982 gemeinsame Verkaufsgesellschaften gegründet hatten, sollen jetzt nur die Produktion der einzelnen Unternehmen miteinander abgestimmt und der Einkauf von Rohstoffen konzentriert werden. Auch die Hersteller von Äthylenoxyd sollen den Vertrieb vereinfachen. Daneben sind für beide Branchen die üblichen Rationalisierungsmaßnahmen vorgesehen (vgl. Tabelle 45).

8.4 Anpassungshilfen für Klein- und Mittelbetriebe in Krisenregionen seit 1983

Ebenso wie das Branchenstruktur-Verbesserungsgesetz verfolgen die Anpassungshilfen für Klein- und Mittelbetriebe in Krisenregionen teilweise andere Zielsetzungen als 1978. Stärker in den Vordergrund getreten ist das Bestreben nach Umstrukturierung dieser Betriebe, um drohenden wirtschaftlichen Schwierigkeiten vorzubeugen. Durch eine rechtzeitige Diversifizierung des Produktionsprogramms, Einführung neuer Technologien sowie

---

[16] Vgl. Kawamura, Present Condition of the Reorganization of Japan's Petrochemical Industry, May 1984; William V. Rapp, a.a.O., S. 17.

[17] Die vier Gruppen setzen sich zusammen aus:
- Mitsubishi Chemical Industry and Mitsubishi Petrochemical,
- Showa Denko, Asahi Chemical Industry, Tonen Petrochemical, Idemitsu Petrochemical und Nippon Unica,
- Mitsui Petrochemical, Mitsui Polychemical, Mitsui Toatsu und Nisseki Chemical,
- Sumitomo Chemical, Toya Soda, Shin Daikyowa Petrochemical, Nissan-Maruzen Polyethylen, Chisso, Tokuyama Soda und Ube Kosan.

Vgl. Mainichi, March 2, 1983; Nihon Keizai, March 19, 1983.

[18] In jüngster Zeit hat sich die Kritik der „Fair Trade Commission" an der Bildung gemeinsamer Absatzgesellschaften angesichts der Preiserhöhungen bei Polyolefinen und der drohenden Beschränkungen der Einfuhren aus Saudi-Arabien wieder verstärkt.

bessere Ausbildung soll die Lebensfähigkeit der Betriebe verbessert werden. Das Motto lautet: „preventing firms from getting ill“ statt „saving firms being ill“. Um diesem Ziel Rechnung zu tragen, ist das bisherige Förderinstrumentarium stärker auf eine Umstrukturierung der Betriebe ausgerichtet worden. Auch die neu eingeführten Instrumente stellen vor allem auf dieses Ziel ab (vgl. Tabelle 46).

Neben der veränderten Zielsetzung unterscheiden sich die Anpassungshilfen für Klein- und Mittelbetriebe gegenüber der früher verfolgten Strukturanpassungspolitik (vgl. Kapitel 6) dadurch, daß die Gouverneure der Präfekturen regionale Industrialisierungspläne aufstellen, in denen der angestrebte Strukturwandel vorgezeichnet wird. Unternehmen, die staatliche Mittel in Anspruch nehmen wollen, müssen Pläne über die von ihnen verfolgte weitere Entwicklung bei der Präfektur einreichen. Diese prüft, ob die Unternehmenspläne mit dem regionalen Industrialisierungsplan kompatibel sind.

Eine weitere Veränderung der Strukturanpassungspolitik ist darin zu sehen, daß neben Einzelfirmen auch Genossenschaften finanziell unterstützt werden. Neben der Förderung, die auch Einzelfirmen gewährt wird, können die Genossenschaften Zuschüsse in Höhe von 50% der Kosten für die Entwicklung neuer Produkte und Technologien sowie für Ausbildungsmaßnahmen in Anspruch nehmen. Auch werden ihnen Kredite für Genossenschaftsprojekte, wie die Errichtung gemeinsamer Lagerhäuser und die Gründung von Einkaufsgesellschaften, gewährt (vgl. Tabelle 46).

8.5 Anpassungshilfen für Arbeitskräfte in Krisenbranchen und Krisenregionen seit 1983

Die Politik der Beschäftigungsanpassung wurde nach 1983 ebenso weitergeführt wie die anderen Bereiche der Strukturanpassungspolitik. Mit dem am 1. Juli 1983 in Kraft getretenen Gesetz „SDI and SDR Workers“ wurden 34 Krisenbranchen und 39 Krisenregionen für die Auswahl der zu fördernden Unternehmen und Arbeitslosen zugrunde gelegt[19]. Die Maßnahmen der 78er Gesetzgebung wurden fortgesetzt (vgl. Abschnitt 7.3) Veränderungen traten dadurch ein, daß seitdem der präventive Charakter der Beschäftigungsanpassungspolitik stärker betont wird. Die Verhinderung der Arbeitslosigkeit soll Vorrang vor Maßnahmen zugunsten von Arbeitslosen bekommen. Dieser veränderten Zielsetzung entsprechen auch die drei neuen Maßnahmen,

[19] Vgl. Ministry of Labour, Special Measures Law Concerning Stabilization of Employment for Workers in Specified Depressed Industrial Categories and Specified Depressed Areas, July 1, 1983.

Tab. 46: Die Anpassungshilfen für Klein- und Mittelbetriebe in Krisenregionen seit 1983

(1) Berücksichtigte strukturschwache Industriezweige	seit 1978: Sperrholzindustrie, Fischindustrie, Stahlindustrie, Aluminiumindustrie, Herstellung von Synthesefasern, Herstellung von Kupfer und Zink, Schiffbau seit 1982 (zusätzlich): Papierindustrie, Raffinerien seit 1983 (zusätzlich): Eisensiliziumindustrie, Petrochemie
(2) Krisenregionen	51 Regionen und 108 Nachbarregionen
(3) Regionale Zielvorgabe	Aufstellung eines regionalen Industrialisierungsplanes durch den Gouverneur a); Pläne der zu fördernden Unternehmen müssen mit dem Industrialisierungsplan übereinstimmen
(4) Maßnahmen	
- Finanzielle Förderung von Einzelfirmen	- Kredite für besondere Notlagen - Kredite zur Produktdiversifizierung - Verlängerung der Laufzeiten für Modernisierungskredite - Gewährung von Kreditgarantien . für allgemeine Zwecke . für Modernisierungsinvestitionen . für Diversifizierung des Produktionsprogramms a)
- Finanzielle Förderung von Genossenschaften a)	- Kredite für besondere Notlagen - Zuschüsse zur Entwicklung neuer Produkte und Technologien sowie zur Ausbildung von Arbeitskräften - Kredite für Genossenschaftsprojekte (Errichtung gemeinsamer Lagerhäuser und Einkaufsgesellschaften) - Gewährung von Kreditgarantien . für allgemeine Zwecke . für Modernisierungsinvestitionen . für Diversifizierung des Produktionsprogramms - Sonderabschreibungen für Investitionen
- Steigerung der Nachfrage	- Bevorzugte Vergabe öffentlicher Aufträge an Klein- und Mittelbetriebe der jeweiligen Region
- Förderung und Erweiterung der Neuansiedlung von Betrieben in Krisenregionen	- Subventionen zur Förderung der Verlagerung und Neuansiedlung von Industriebetrieben - Kredite der Japan Development Bank und der Hokkaido Development Corporation zum Ausbau der Infrastruktur in Krisenregionen - Spezielle Abschreibungserleichterungen für neu angesiedelte Betriebe - Steueranreize zur Umschichtung von Aktiva

a) Neu im Gesetz "SDR Small Firms" 1983.

Quelle: MITI, Agency for Small and Medium-scale Enterprises.

die das 83er Gesetz vorsieht. So werden die Anpassungshilfen für Arbeitskräfte in Krisenbranchen in System 1 (vgl. Tabelle 41) dadurch ergänzt, daß

— Betriebe der Krisenbranchen, die Arbeitnehmer ausbilden, bevor diese entlassen werden, für die Dauer von sechs Monaten staatliche Lohnzuschüsse in Höhe von 66% der Lohnzahlungen (bzw. 75% bei Klein- und Mittelbetrieben) erhalten und daß

— Betriebe, die Arbeitnehmer aus Krisenbranchen durch Vermittlung des bisherigen Arbeitgebers anstellen, für die Dauer von einem Jahr staatliche Lohnzuschüsse in Höhe von 25% (bzw. 33% bei Klein- und Mittelbetrieben) der Lohnzahlungen bekommen.

Außerdem sieht die neue Gesetzgebung vor, daß neu gegründete oder erweiterte Betriebe in Krisenregionen, die Arbeitnehmer aus einer Krisenregion einstellen, für die Dauer von einem Jahr monatlich 18 000 Yen als Zuschuß erhalten.

Indem die neu eingeführten Maßnahmen zu verhindern versuchen, daß Arbeitnehmer aus Krisenbranchen überhaupt arbeitslos werden, wird deren Widerstand gegen einen Strukturwandel gemindert. Andererseits wird durch die Ausgestaltung der Maßnahmen nicht sichergestellt, daß nicht auch Betriebe aus Krisenbranchen, die Einstellungen vornehmen, staatliche Lohnzuschüsse erhalten und damit strukturerhaltende Wirkungen von der staatlichen Strukturpolitik ausgehen.

9. Zusammenfassende Bewertung der japanischen Strukturanpassungspolitik

9.1 Die japanischen Erfahrungen im Überblick

Nach 25 Jahren weitgehend störungsfreier Entwicklung sah sich die Verarbeitende Industrie Japans nach der ersten Ölpreiserhöhung 1973/74 vor strukturelle Probleme gestellt. Hierfür waren verschiedene Ursachen verantwortlich: der Energiekostenanstieg, der zu einer Minderung der Wettbewerbsfähigkeit energie-intensiver Grundstoffindustrien führte, der preis- und rezessionsbedingte Rückgang der Nachfrage, der nicht nur die Grundstoffindustrien, sondern auch den Schiffbau traf, und die zunehmende Konkurrenz aus den Schwellenländern. Als Folge der veränderten Nachfrage- und Wettbewerbsbedingungen mußten insbesondere die genannten Industriezweige Produktionseinbußen hinnehmen, die Beschäftigung nahm ab. Nur die Produktionskapazitäten wurden in fast allen Branchen zunächst noch weiter erhöht.

Aufgrund des relativ hohen wirtschaftlichen Wachstums und der geringen Arbeitslosigkeit waren die Bedingungen für eine rein marktwirtschaftliche Bewältigung des notwendig gewordenen Strukturwandels günstig. Trotzdem entschloß sich die japanische Regierung, die Strukturanpassung durch staatliche Maßnahmen zu unterstützen. Neben die Förderung zukunftsorientierter, technologieintensiver Industriezweige trat seit 1978 eine Strukturanpassungspolitik für traditionelle Industriezweige. Anders als die bisherigen Anpassungshilfen für (wenige) einzelne Sektoren richtete sich diese Politik an alle strukturschwachen Industriezweige. Ziel der Anpassungspolitik war ein „geordneter" Transfer von Ressourcen aus schrumpfenden in wachsende Branchen: Der zeitliche Verlauf der Kapazitätsanpassung in strukturschwachen Industriezweigen sollte gesteuert und die Kosten des Anpassungsprozesses nicht einseitig von bestimmten Unternehmen und Gruppen von Arbeitnehmern getragen werden.

Die zwischen 1978 und 1983 verfolgte Strukturanpassungspolitik bestand aus drei Elementen:

— der Anpassungspolitik für Großunternehmen in strukturschwachen Industriezweigen, welche die Aufstellung sektoraler Stabilisierungspläne, die Legalisierung der Kartellbildung zum Zweck des Kapazitätsabbaus und die Bereitstellung staatlicher Kreditgarantien beinhaltete,

— der Gewährung finanzieller Hilfen für Klein- und Mittelbetriebe in Krisenregionen mit dem Ziel, diese Betriebe zu erhalten, und
— der Gewährung finanzieller Hilfen für Arbeitnehmer in Krisenbranchen und Krisenregionen mit dem Ziel, die Entlassung von Arbeitskräften zu verhindern, die Wiedereingliederung von Arbeitslosen zu erleichtern und Einkommenseinbußen bei Verlust des Arbeitsplatzes abzumildern.

Die Bedeutung der einzelnen Elemente für den Strukturanpassungsprozeß war recht unterschiedlich. Ein wichtiges Instrument bildete die Aufstellung sektoraler Stabilisierungspläne, welche die Analyse der Strukturprobleme, die Festlegung der Kapazitätsreduzierungsziele und die Ableitung geeigneter strukturpolitischer Maßnahmen zum Gegenstand hatten. Diese Pläne wurden nicht von den zuständigen Ministerien allein, sondern unter Beteiligung der jeweiligen Industrieverbände und Gewerkschaften, von Vertretern der Verbraucher und unabhängigen Fachleuten aufgestellt. Durch die gemeinsame Erarbeitung der Stabilisierungspläne wurde die Bildung eines Konsens über die Notwendigkeit der Anpassung der Produktionskapazitäten gefördert. Er erhöhte die Bereitschaft der einzelnen Unternehmen, Kapazitäten abzubauen; er bestärkte die Banken in einer zurückhaltenden Kreditvergabepolitik gegenüber Unternehmen strukturschwacher Industriezweige; er band schließlich die Gewerkschaften in die Strukturanpassungspolitik ein. Die Einbeziehung der Unternehmer in die Entscheidungsprozesse förderte den allgemeinen strukturpolitischen Konsens, gleichzeitig wurde aber auch erreicht, daß in die Entscheidung marktnahe Informationen und die genaue Kenntnis betrieblicher Bedingungen einflossen.

Auch die mit dem Krisenbranchen-Stabilisierungsgesetz geschaffene Möglichkeit, Kapazitätsreduzierungskartelle staatlich anzuordnen, hat vermutlich dazu beigetragen, daß in den einbezogenen Industriezweigen ein „geordneter“ Kapazitätsabbau stattfand. So wird vom MITI darauf hingewiesen, daß durch die Bildung solcher Kartelle die Nachteile rein marktmäßiger Anpassungsprozesse vermieden würden. Durch Kartellabsprachen könne erreicht werden, daß die Stillegungspolitik alle Unternehmen erfaßt, die Anpassungskosten gleichmäßiger verteilt und die Widerstände gegen einen Kapazitätsabbau reduziert werden. Andererseits kann nicht ausgeschlossen werden, daß durch solche Kartelle Preisabsprachen und Importbeschränkungen gefördert wurden und der Strukturanpassungsprozeß damit behindert wurde. Der sicherlich schwierige Nachweis solcher Auswirkungen konnte allerdings nicht erbracht werden.

Durch die Bereitstellung finanzieller Mittel, mit denen vor allem Klein-und Mittelbetriebe in Krisenregionen subventioniert und arbeitsmarktpolitische Maßnahmen finanziert wurden, dürfte der Strukturanpassungsprozeß kaum gefördert worden sein. Dafür waren die Mittel quantitativ zu gering. Auch dürften von einigen der damit finanzierten Maßnahmen strukturerhaltende Wirkungen ausgegangen sein. Andererseits wird in Japan erwartet, daß die Regierung Mittel für Krisenbranchen und -regionen bereitstellt. Die Bereitschaft, Eigeninitiative zu entfalten, wird dadurch bei den Betrieben erhöht. Einige der ergriffenen Maßnahmen, wie die Errichtung von Kapazitätsabbaufonds im Schiffbau und in der Aluminiumindustrie oder die Einbeziehung der Betriebe als Träger arbeitsmarktpolitischer Maßnahmen dürften prinzipiell geeignete strukturpolitische Ansatzpunkte gewesen sein.

Insgesamt gesehen sollte die Bedeutung der staatlichen Strukturpolitik für den Strukturanpassungsprozeß nicht überschätzt werden. Für die weitgehend vorhandene Anpassungsbereitschaft der Unternehmer dürfte (mit-)entscheidend gewesen sein, daß durch die Veränderung der Nachfrage- und Wettbewerbsbedingungen insbesondere die Herstellung bestimmter energieintensiver und petrochemischer Grundstoffe unrentabel geworden war und sich gleichzeitig lohnende Investitionsmöglichkeiten in einer Reihe von technologie-intensiven Zukunftsbranchen boten. Hinzu kommt, daß der Strukturwandel durch die sozio-ökonomischen Rahmenbedingungen erleichtert worden ist. In der verarbeitenden Industrie Japans nehmen einige große Unternehmensgruppen mit diversifizierter, sektorübergreifender Produktionsstruktur eine herausragende Stellung ein. Diese Konglomerate bewältigen einen Teil des notwendigen Strukturwandels intern. Schrumpfende Produktionsbereiche werden abgebaut, expandierende Bereiche aufgebaut, Arbeitskräfte innerhalb des Unternehmens umgesetzt und die staatliche Struktur- und Arbeitsmarktpolitik damit entlastet. Der Strukturwandel wird dadurch erleichtert, daß die Unternehmer der Beschäftigungssicherung große Bedeutung beimessen und die Arbeitnehmer andererseits im Vertrauen auf die Arbeitsplatzsicherheit dem Strukturwandel nur wenig Widerstand entgegensetzen. Auch das relativ hohe Bildungsniveau japanischer Arbeitskräfte bildet eine wichtige Voraussetzung für einen reibungslosen Strukturwandel. Schließlich hat vermutlich auch die Fähigkeit der großen Unternehmensgruppen, das Importverhalten ihrer Handelshäuser zu beeinflussen, zu einer den Anpassungsprozeß abfedernden Importentwicklung geführt.

Die Ergebnisse der Strukturpolitik gegenüber traditionellen Industriezweigen lassen sich wie folgt zusammenfassen: Die Politik war — insgesamt gesehen — auf eine Anpassung der strukturschwachen Industriezweige an die veränderten Markt- und Wettbewerbsbedingungen gerichtet, auch wenn einige Maßnahmen strukturerhaltend gewirkt haben dürften. Gemessen an den — nicht in allen Punkten erfüllten — OECD-Kriterien, handelte es sich um eine „positive adjustment policy". Gegenstand der Anpassungspolitik waren 14 strukturschwache Industriezweige mit einem Anteil an den Beschäftigten der verarbeitenden Industrie von nur 2,5% im Jahre 1980. Zwischen 1978 und 1982 wurden die Produktionskapazitäten dieser Industriezweige um wenigstens 4% und höchstens 55% abgebaut. Die Zielvorgaben der Stabilisierungspläne wurden weitgehend realisiert. Inwieweit dabei ineffiziente Produktionsanlagen erhalten wurden, läßt sich aufgrund des vorhandenen Materials nicht feststellen. Mit dem Kapazitätsabbau ging eine Anpassung der Beschäftigung einher. Diese richtete sich an erster Stelle auf den Abbau von Überstunden, die Einführung von Kurzarbeit und eine restriktive Einstellungspolitik. Erst danach wurde das eigene Personal abgebaut. In den 14 Industriezweigen verminderte sich die Beschäftigtenzahl von 354 000 im Jahre 1977 auf 268 000 im Jahre 1981. Der Anpassungsprozeß verlief nicht immer konfliktfrei. Die Anpassungskosten hatten vor allem die Zulieferbetriebe und ihre Beschäftigten sowie die Randbelegschaften der Großunternehmen zu tragen. Die Suche nach einem neuen Arbeitsplatz gestaltete sich für sie häufig recht schwierig und war nicht selten mit einem sozialen Abstieg verbunden.

Entsprach die Anpassung der Produktionskapazitäten den Zielvorstellungen, so fiel sie in den meisten Branchen, gemessen an der Marktentwicklung, unzureichend aus. Durch die kaum vorhersehbare zweite Ölpreiskrise waren die gesamtwirtschaftlichen Rahmenbedingungen einschneidend verändert worden. Ob darüber hinaus auch ein versteckter Protektionismus für die ungenügende Anpassung verantwortlich war und ein rein marktwirtschaftlicher Anpassungsprozeß „marktgerechtere" Ergebnisse hervorgebracht hätte, muß eine offene Frage bleiben.

In der Tatsache, daß Anfang der achtziger Jahre viele Unternehmen strukturschwacher Industriezweige nach wie vor wirtschaftliche Probleme hatten, offenbart sich jedoch ein „anderer" Mangel der bis dahin verfolgten Strukturanpassungspolitik. Durch die Reduzierung von Produktionskapazitäten läßt sich zwar das Angebot an eine rückläufige Nachfrage anpassen, nicht jedoch der aus den beiden Ölpreiserhöhungen resultierende Wettbewerbsnachteil der Grundstoffindustrien gegenüber ausländischen Anbietern ausgleichen. Will man einen immer weitergehenden Abbau der Produktionskapazitäten vermeiden, so bedarf es einer Stärkung der Wettbewerbsfähigkeit dieser Industrien. Aus dieser Erkenntnis heraus wurde die Strukturpolitik für traditionelle Industriezweige seit 1983 um Revitalisierungsmaßnahmen ergänzt. Hierbei handelt es sich um Maßnahmen zur Verminderung des Energie- und Materialeinsatzes und zur Entwicklung neuer Produkte auf der Grundlage neuer Materialien und Verfahren. Ob darüber hinaus auch die erfolgte Zulassung von Unternehmenskooperationen mit dem Ziel der Kostensenkung ein sinnvolles strukturpolitisches Instrument bildet, muß wegen der Gefahr wettbewerbsbeschränkender Wirkungen in Frage gestellt werden. Für eine abschließende Bewertung der seit 1983 verfolgten Strukturanpassungspolitik ist es noch zu früh.

9.2 Die Übertragbarkeit der japanischen Erfahrungen auf die Bundesrepublik Deutschland

Das japanische Modell der Strukturanpassungspolitik, wie sie seit 1978 praktiziert wird, ist als Gesamtkonzept auf die Bundesrepublik Deutschland sicherlich nicht übertragbar. Seine Funktionsfähigkeit basiert nämlich auf dem Vorhandensein ganz spezifischer — vor allem sozio-ökonomischer — Rahmenbedingungen, wie sie in dieser Ausprägung und Kombination nur in Japan anzutreffen sind. Das allen Japanern eigene Streben nach möglichst weitgehendem Gruppenkonsens, die bewußte Ausrichtung des Handelns auf gemeinschaftliche bzw. nationale Ziele und das traditionell enge Vertrauensverhältnis zwischen Wirtschaft und Staat beruhen auf Jahrhunderte alten Traditionen und Wertvorstellungen und können nicht einfach von westlichen Industrieländern übernommen werden. Davon abgesehen würde in der Bundesrepublik eine ähnlich intensive Mitwirkung der Regierung am Prozeß der strukturellen Anpassung der Industrie an neue wirtschaftliche Gegebenheiten sicherlich auf erhebliche ordnungspolitische Bedenken stoßen, auch wenn — wie in dieser Untersuchung deutlich geworden sein sollte — die staatlichen Aktivitäten keineswegs dirigistischer Natur sind.

Tritt man dem japanischen Konzept der Industriepolitik aufgeschlossen gegenüber, so lassen sich doch einige Bestandteile ausmachen und Schlußfolgerungen ziehen, die auch für die Bundesrepublik Deutschland anwendbar bzw. lehrreich sein könnten. Positiv zu sehen ist zunächst, daß 1978 eine Abkehr von den fallweisen, mehr oder weniger zufällig gestalteten „Feuerwehraktionen" zur Rettung einzelner in Not geratener Sektoren vollzogen und gleichzeitig eine einheitliche (und dennoch flexible) Strukturanpassungspolitik für alle als strukturschwach identifizierten Industriezweige konzipiert wurde. Eine industrielle Strukturanpassungspolitik mit für alle Branchen gültigen Regeln, festgelegten Prozeduren und einem einheitlichen Instrumentarium bei ausreichendem Spielraum für branchenspezifische Varianten hat den Vorteil, daß es betroffenen Industriezweigen im Einzelfall kaum möglich ist, durch politischen Druck die Regierung zu Zugeständnissen (z. B. in Richtung Erhaltungssubventionen) zu zwingen, die nicht systemgerecht sind.

In Japan konnten ohne nennenswertes finanzielles Engagement des Staates Friktionen im Strukturanpassungsprozeß abgeschwächt oder sogar vermieden werden, weil ein regelmäßiger und offener Informations- und Meinungsfluß zwischen den verschiedenen Industriezweigen und den zuständigen Regierungsstellen stattfand. Das japanische Beispiel zeigt, daß es vor allem die regelmäßige Zusammenarbeit (in den sektoralen Unterausschüssen des „Industrial Structure Council") ist, die ein kooperatives und vertrauensvolles Klima schafft, und die es ermöglicht, aufkommende Strukturprobleme frühzeitig zu erkennen. Das permanente gemeinsame Nachdenken von Unternehmern, Vertretern der Gewerkschaften, unabhängigen Wissenschaftlern *und* branchenkundigen Ministerialbeamten über mögliche Zukunftsentwicklungen hat sich in Japan ohne Zweifel positiv ausgewirkt. Auch in der Bundesrepublik Deutschland sollte darüber nachgedacht werden, ob nicht durch einen stärkeren Informationsaustausch die Grundlagen für strukturpolitisches Handeln und problemadäquate unternehmerische Entscheidungen verbessert werden können.

In diesem Zusammenhang ist darauf hinzuweisen, daß man in Japan Prognosen bzw. Projektionen (häufig als „Visionen" bezeichnet) ganz allgemein sehr viel aufgeschlossener gegenübersteht als in der Bundesrepublik. Man sieht sie keineswegs als unumstößliche Planungsgrundlage an, sondern als Richtungsanzeiger, denen lediglich eine gewisse Signalfunktion zukommt, und die bei Veränderungen von exogenen Einflußfaktoren — ohne Prestigeverlust für die Prognostiker — revidiert werden. Durch die Mitwirkung der Unternehmen an der Prognose-Erstellung in den „Councils" wird die Akzeptanz durch die Wirtschaft erhöht. Die japanischen Erfahrungen lassen es sinnvoll erscheinen, daß auch in der Bundesrepublik Deutschland darauf hingewirkt wird, ein weniger voreingenommenes Verhältnis zu derartigen Zukunftsszenarien zu schaffen.

Zur Minimierung von Reibungsverlusten bei der Durchführung der Anpassungsmaßnahmen in Japan hat zweifellos beigetragen, daß die Belegschaften — zumindest der Großunternehmen — frühzeitig einbezogen worden sind. Bei der Lösung des Beschäftigungsproblems setzten die Betriebe in der Regel schon geraume Zeit vor dem Kapazitätsabbau mit gezielten Umschulungsmaßnahmen an. Überhaupt kann festgestellt werden, daß sich die vergleichsweise starke Einbindung der Unternehmen in die Arbeitsmarktpolitik positiv ausgewirkt hat. Die relativ friktionsarme Bewältigung des Beschäftigungsabbaus in den betroffenen strukturschwachen Industriezweigen scheint aber vor allem auch auf die beachtlich große berufliche Flexibilität der Arbeitnehmer zurückzuführen zu sein. Die — gemessen an den Verhältnissen in der Bundesrepublik Deutschland — überdurchschnittlich gute Allgemeinbildung (bei einer weniger intensiven spezifischen Berufsausbildung) hat es zweifellos erleichtert, in den traditionellen Industriezweigen nicht mehr benötigte Arbeitskräfte in andere, noch wachsende Sektoren zu überführen. Diejenigen Elemente innerhalb des bestehenden Ausbildungssystems zu fördern, die breitere berufliche Einsatzmöglichkeiten erleichtern, scheint auch für die Bundesrepublik eine wichtige gesellschaftspolitische Aufgabe der Zukunft zu sein.

Interessant und lehrreich scheint es auch zu sein, daß Japan bei der Fortsetzung seiner Strukturanpassungspolitik im Jahre 1983 nicht beim Kapazitätsabbau stehengeblieben ist, sondern gleichzeitig eine Revitalisierung der traditionellen Industriezweige anstrebt. Hinter dieser Erweiterung steht die richtige Erkenntnis, daß eine bloße Kapazitätsanpassungspolitik nur das Problem mangelnder Nachfrage, nicht aber das Problem schwindender internationaler Wettbewerbsfähigkeit lösen kann. Will man verhindern, daß Branchen wegen mangelnder Wettbewerbsfähigkeit ganz „absterben" — und dies wird in Japan aus Gründen der Versorgungssicherheit und der Sicherung des vorhandenen technologischen Branchen-Know-how abgelehnt —, so ist es erforderlich, den traditionellen Industriezweigen gewisse Entwicklungsmöglichkeiten zu sichern. Dies soll durch Förderung eines sparsamen Energieeinsatzes sowie von Prozeß- und Produktinnovationen erreicht werden. Die Ergänzung der Strukturanpassungspolitik in Japan um solche Revitalisierungsmaßnahmen signalisiert auch, daß die künftige Aufnahmekapazität der wachsenden Industriezweige für freigesetzte Arbeitskräfte aus traditionellen Branchen nicht mehr so zuversichtlich beurteilt wird wie noch Ende der siebziger Jahre.

Literaturverzeichnis

Battelle-Institut e.V.: Innovationsprozesse und Innovationspolitik in Japan, BMWi-Studien Reihe 40, Bonn 1983.

Edward Boyer: How Japan Manages Declining Industries, in: Fortune, Jan. 1983, S. 34-39.

C. J. F. Brown: Industrial Policy and Economic Planning in Japan and France, in: National Institute Economic Review, No. 93, August 1980, S. 59-75.

Richard E. Caves, Masu Uekusa: Industrial Organization in Japan, Washington 1976.

S. Doi: The World's Newbuilding Market in the 1980's. The Shipbuilders' Assocation of Japan (3rd June 1980).

Ronald Dore: Flexible Rigidities, Industrial Policy and Structural Adjustment in the Japanese Economy: 1970-80, Geneva 1983.

Angelika Ernst: Beschäftigungsprobleme und Beschäftigungspolitik in Japan, in: Mitteilungen aus der Arbeitsmarkt- und Berufsforschung Nr. 2, 1981, S. 81-98.

— Japans unvollkommene Vollbeschäftigung, Beschäftigungsprobleme und Beschäftigungspolitik, Hamburg 1980.

Fair Trade Commission, Economic Study Group: Industrial Adjustment and Competition Policies under Slow Growth (Teseicho Keizaiko no Sangyochosei to Kyososeisaku), Tokyo 1982 (Report by the Baba Group).

Ichiro Fujiwara: Helping Depressed Industries Help Themselves, in: Economic Eye, June 1983, S. 4-12.

Bernhard Gahlen: Anpassen statt erhalten, in: Wirtschaftswoche Nr. 18, vom 29.4.1983.

— Strukturpolitik und soziale Marktwirtschaft, in: Otmar Issing (Hrsg.), Zukunftsprobleme der sozialen Marktwirtschaft, Schriftenreihe des Vereins für Socialpolitik, NF Band 116, Berlin 1981, S. 853 ff.

Akiro Goto: The Aluminium Industry in Japan, The Economic Society Seikei University, Discussion paper series No. 6, September 1984.

Eleanor M. Hadley: The Secret of Japan's Success, in: Challenge, May-June 1983, S. 4-10.

Kanji Hane: Grenzenlose Harmonie — ist das menschlich? in: Psychologie heute, Januar 1982, S. 81 ff.

Takehiko Hayashi: Japanese Aluminium Industry Struggling for Survival, in: Keidanren Review, No. 79, February 1983, S. 2-10.

Gerhard Hinterhäuser: Personalanpassung in der japanischen Stahlindustrie nach der ersten Ölkrise, Bergisch-Gladbach 1985.

Toshihiro Horiuchi: Capacity Reduction and Cartel Actions in Synthetic Fiber Industries (Gosenkogyo no Setsubishori to Kyodokoi), Tokyo 1984 (unveröffentlichtes Manuskript).

Yoshizo Ikeda: No Need to Apologize, Explaining Japanese Industrial Policies, in: Speaking of Japan, February 1984, S. 16-22.

Takeshi Inagami: Employment Adjustments in Japan, in: Japan Labor Bulletin, July 1, 1984, S. 5-8.

Industrial Bank of Japan: Expectations Placed on the New Law Concerning Measures for Basic Materials Industries, in: Japanese Finance and Industry, July-September 1983, No. 55, S. 1-8.

Merit E. Janow, Thomas Pepper: Industry Adjustment in Japan, Paper prepared for the Institute for International Economics, Hudson Institute, Indianapolis, November 1984, HI-3715-D.

Japan Chemical Fibres Association, Man-Made Fibers of Japan, 1983/84, Tokyo 1983.

Japan Confederation of Shipbuilding and Engineering Workers' Unions, Labour Union's Adaptation to the Structural Change in the Shipbuilding Industry, Tokyo 1980.

The Japan Economic Journal, Industrial Review of Japan 1982, Tokyo 1982.

The Japan Institute of Labour: Employment and Employment Policy, Japanese Industrial Relations Series No. 1, Tokyo 1982.

— Labour Unions and Labour Management Relations, Tokyo 1983.

Japan Petrochemical Industry Association: Petrochemical Industry of Japan 1984, Tokyo 1984.

Japan Ship Exporters' Association: The Shipbuilders Association of Japan, Shipbuilding in Japan 1982-83, Tokyo 1983.

Chalmers Johnson: MITI and the Japanese Miracle, The Growth of Industrial Policy, 1925-1975, Stanford 1982.

Chalmers Johnson, Ezra Vogel: The Meaning of the Japanese Experience, in: Journal of Japanese Trade and Industry, No. 3, 1983, S. 37-40.

Yoshikazu Kano: Strategies for Reviving Depressed Industries, in: Economic Eye, September 1983, S. 25-27.

Uchihashi Katsuto: Behind the Scenes at MITI, in: Japan Echo, Vol. X, No. 4, 1983.

Kawamura: Present Condition of the Reorganization of Japan's Petrochemical Industry, o.O., May 1984.

Mototada Kikkawa: Shipbuilding, Motor Cars and Semiconductors: The Diminishing Role of Industrial Policy in Japan, in: G. Shepherd, F. Duchêne, Ch. Saunders (Eds.), Europe's Industries, London 1983, S. 236-267.

Hiroaki Kobayashi: Wirtschaftsmacht Japan, Strukturen und Organisationen, Köln 1980.

Katzutoshi Koshiro: Job Security: Redundancy Arrangements and Practices in Japan, January 1985 (unveröffentlichtes Manuskript).

Helmut Laumer: Forschung in Japan, Reihe Japanwirtschaft, Heft 17, Deutsch-Japanisches Wirtschaftsförderungsbüro, Düsseldorf 1984.

Edward J. Lincoln: Japan's Industrial Policies, What are they, do they matter and are they different from those in the United States?, Japan Economic Institute of America, Washington, April 1984.

Ira C. Magaziner, Thomas M. Hout: Japanese Industrial Policy, Institute of International Studies, University of California, Berkeley 1980.

Charles J. McMillan: The Japanese Industrial System, Berlin, New York 1984.

Ministry of Labour: Labour Administration in Japan, Tokyo 1980.

— Special Measures Law Concerning Stabilization of Employment for Workers in Specified Depressed Industrial Categories and Specified Depressed Areas, July 1, 1983.

MITI: Background Information on Japan's Industrial Policy, May 1983.

— Basic Plan for the Structural Adjustment of the Ethylene Manufacturing Industry, June 21, 1983.

— Features of the Industrial Policy of Japan, March 1983, JR-5.

— The Industrial Structure of Japan in the 1980s — Future Outlook and Tasks, November 1980, BI-44.

— Japanese Industrial Policy, Japan Reporting, JR-4, Tokyo 1981.

— Industrial Policy Department, Nihonteki Koyo-kankko no Yukue (The Future of the Japanese Employment Behaviour), Tokyo 1981.

— The Positive Adjustment Policy for the Basic Materials Industries compiled by the Ad Hoc Committee on Measures for the Basic Materials Industries Coordination Committee,Industrial Structure Council, in: News from MITI, March 24, 1983, NR-276 (83-1).

— White Paper on Small and Medium Enterprises 1978, Tokyo 1978.

Sadanori Nagayama: Are Japan's Unemployment Statistics too low? in: Economic Eye, June 1984, S. 14-18.

Masanao Nakagawa (Ed.): Antimonopoly Legislation of Japan, Tokyo 1984.

OECD: Aluminium Industry, Energy Aspects of Structural Change, Paris 1983.

— Government Aid: The Positive Adjustment Perspective, Paris 1984.

— Positive Adjustment Policies, Managing Structural Change, Paris 1983.

o.V.: Japanese Shipbuilding — Shaping up for Post-Cartel Challenges, in: Lloyd's Shipping Economist, May 1982, Vol. 4, No. 5, S. 8 ff.

— Subcontractors: A System Viewed with Suspicion, in: Far Eastern Economic Review, No. 51, December 20, 1984, S. 58 ff.

Terutomo Ozawa: Government Control over Technology Acquisition and Firms' Entry into New Sectors: The Experience of Japan's Synthetic-fibre Industry, in: Cambridge Journal of Economics 1980, No. 4, S. 133-146.

Wolfgang Pape: Gyosei Shido and the Antimonopoly-Law, in: Law in Japan, An Annual, Vol. 15, 1982, S. 12-23.

— Das japanische Kartellrecht, Düsseldorf, o. J.

— Kartellrecht, in: Paul Eubel u.a. (Hrsg.), Das japanische Rechtssystem, Ein Grundriß mit Hinweisen und Materialien zum Studium des japanischen Rechts, Frankfurt a.M. 1980, S. 461-490.

Richard Tanner Pascale, Anthony G. Athos: The Art of Japanese Management, Applications for American Executives, New York 1981.

Amelia Porges: On Import Cartels and Industrial Organisation in Japan, A Memorandum for the Office of the Special Representative for Trade Negotiations, Washington D.C. 1979.

Prognos: Das Forschungs- und Technologiesystem in Japan, Basel 1983.

J. Mark Ramseyer: Comments Letting Obsolete Firms Die: Trade Adjustment Assistance in the United States and Japan, in: Harvard International Law Journal, Vol. 22, No. 3, Fall 1981, S. 595-619.

William V. Rapp: Status of Japan‘s Depressed Industries, Memorandum, Nov. 1, 1983.

Robert B. Reich: The Next American Frontier, New York 1983.

Sangyo Kozo Shingikai (Industrial Structure Council): 80 Nendai no Sangyo Kozo no Tembo to Kadai (The Vision and Themes of Industrial Structure in the 1980‘s), Tokyo 1980.

— Sangyo Kozo no Choki Bijion (Long-term Vision of Industrial Structure), Tokyo 1976.

Gary R. Saxonhouse: Industrial Restructuring in Japan, in: The Journal of Japanese Studies, Vol. 5, No. 2, Summer 1979, S. 273-320.

— What is all this about „Industrial Targeting“ in Japan?, in: World Economy, Vol. 6 (Sept. 1983), S. 253 ff.

Naoto Sazaki: Management and Industrial Structure in Japan, Oxford, New York u.a. 1981.

Hans-Eckart Scharrer, Warren Hesse, Henry Krägenau: Japans Wirtschaftsentwicklung, Außenhandel und Wettbewerbsfähigkeit, Hamburg 1982.

Atushi Seike: The Employment Adjustment in Japanese Manufacturing Industries in the 1970‘s, in: Keio Business Review, No. 22, S. 1-33.

Sueo Sekiguchi: Industrial Policies in Japan: Interactions between Policies and Dualist Structure, Tokyo 1984 (unveröffentlichtes Manuskript).

Sueo Sekiguchi, Toshihiro Horiuchi: Foreign Trade and Industrial Policies: A Review of Japanese Experience, in: Roger Benjamin, Robert T. Kurdle (Eds.), The Industrial Future of the Pacific Basin, Boulder, London 1984, S. 81-103.

— — Foreign Trade and Industrial Policies — A Review of Japanese Experiences, The JERC Discussion Paper No. 46, Tokyo 1981.

— — Industrial Policies in Japan, Tokyo 1984 (unveröffentlichtes Manuskript).

— — Trade and Adjustment Assistance Policies, Tokyo 1984 (unveröffentlichtes Manuskript).

— — Trade and Adjustment Assistance Policy, in: Ryutaro Komiyo, Masihiro Okumo, Kohtaro Suzumura (Eds.), Industrial Policies in Japan, Tokyo 1984 (in japanischer Sprache).

Haruo Shimada: Employment Adjustment and Employment Policies: Japanese Experience, Paper Prepared for the Workshop on Trade Policy for Troubled Industries: Worker and Community Aspects of Adjustment, Institute for International Economics, Washington D.C., October 1984.

— The Japanese Employment System, Japanese Industrial Relations Series No. 6, Tokyo 1980.

— Japan's Economic Viability and Labor-Management Relations, in: Journal of Japanese Trade and Industry, No. 2, 1984, S. 12-15.

E. Shinozuka, E. Ishiwara: Oirushokku iko no Koyo chosei (Employment Adjustment after the Oilshock), Discussion Paper No. 17, Japan Economic Research Center, Tokyo 1976.

Small and Medium Enterprise Agency, MITI: Japan Small Business Corporation, Outline of Small- and Medium-scale Enterprise Policies of the Japanese Government, Tokyo 1983.

— White Paper on Small and Medium Enterprises in Japan 1984, Tokyo 1984.

Small Business Finance Corporation, Small Business Financing in Japan and Small Business Finance Corporation, Tokyo 1984.

Kiyoo Suda: MITI's Guidance of Nation's Industry Looks Enigmatic and Tricky to Foreigners, in: Industrial Review of Japan 1984, Tokyo 1984, S. 30 f.

Koji Taira: Japan's Low Unemployment: Economic Miracle or Statistical Artifact? in: Monthly Labor Review, U.S. Bureau of Labor Statistics, July 1983.

Fujio John Tanaka: Lifetime Employment in Japan, in: Challenge, July-August 1981, S. 23-29.

Shotaro Tanaka: Japan's Structurally Depressed Industries, in: Tokyo Financial Review, Vol. 8, No. 3, March 1983, S. 1-5.

Yoshio Tokuhisa: Does the Petrochemical Industry Need Special Protection?, in: Economic Eye, June 1983, S. 10-12.

Hiroya Ueno: Countering International Criticisms of Japan's Industrial Policy, in: Look Japan, August 10, 1983.

— Industrial Policy — Its Role and Limits, in: Journal of Japanese Trade and Industry, No. 4, 1983, S. 34-37.

— Materials Industries in Recession, in: Economic Eye, March 1982, S. 13-17.

Hiroya Ueno, Akira Goto: Subsidy Schemes for Industry in Japan, The Economic Society, Seikei University, Discussion Paper No. 2, Tokyo 1981.

Frank K. Upham: Legal and Institutional Dynamics in Japan's Cartel Policy: One View of the Domestic Adjustment to External Economic Events, Newton 1984 (unveröffentlichtes Manuskript).

U.S.-Japan Trade Study Group: Progress Report 1984, September 1984.

Verband der Deutschen Schiffbauindustrie e.V.: Die Subventionierung des Schiffbaus in den Konkurrenzländern, Hamburg 1984.

Sachio Watanabe: Industrial Adaptation and Small- and Medium-scale Firms, in: Japan Institute of Labour, Boeki masatsu no koyo ni oyobosu eikyo to roshi no taio ni kansuru chosa kenkyu (The Relation between Foreign Trade Frictions and Employment and the Employer-Employee-Relations, Tokyo 1983 (unveröffentlichter Bericht).

Manfred Wegner: Strukturpolitik in ausgewählten westlichen Industrieländern, Vortrag für das XVIII. FIW-Symposion vom 21.-23.2.1985 in Innsbruck.

Jimmy W. Wheeler, Merit E. Janow, Thomas Pepper: Japanese Industrial Development Policies in the 1980s: Implications for U.S. Trade and Investment, Croton-on-Hudson 1982.

Kozo Yamamura: Success that Soured: Administrative Guidance and Cartels in Japan, in: Kozo Yamamura (Ed.), Policy and Trade Issues of the Japanese Economy, American and Japanese Perspectives, Tokyo 1982, S. 77-112.

Sadanori Yamanaka: Japanese Industrial Policy, in: Focus Japan, Jetro Special Report, May 1983, S. 1 ff.

Isamu Yamashita: Changing Industrial Structure and Business Strategy, in: Keidanren Review, No. 81, June 1983, S. 2-6.

Ippei Yamazawa, Sen-i-Sangyo: Tsusho Seisaku to Sangyo-Chosei (Textile Industries: Trade Policies and Industrial Adjustment), in: Ryutaro Komiya, Masihiro Okuno, Kohtaro Suzumura (Eds.), Japan's Industrial Policy, Tokyo 1984.

Yoshie Yonezawa: Adjustment in Japanese Shipbuilding Industry and Government Shipbuilding Policy, The JERC Dicussion Paper No. 37, Tokyo 1980.

— Sen-i-Kogyo no Sangyo Chosei (Industrial Adjustment in Textile Manufacturing), in: Sueo Sekiguchi (Ed.), Nihon no Sangyo Chosei (Industrial Adjustment in Japan), Tokyo 1981.

Schriftenreihe des Ifo-Instituts für Wirtschaftsforschung

Seit Frühjahr 1975 sind erschienen:

84 **Marketingperspektiven im Großhandel.** Von E. Batzer und E. Greipl. 99 S. 1975. DM 38,60

85 **Struktur und Entwicklung von Umweltaufwendungen in der Industrie.** Von R.-U. Sprenger. 208 S. 1975. DM 68,60

86 **Konjunkturprognose mit Hilfe von Urteilen und Erwartungen der Konsumenten und Unternehmer.** Von G. Nerb. 266 S. 1975. DM 88,60

87 **Bisherige und zukünftige Entwicklung des Textilverbrauchs in wichtigen Industrieländern.** Von M. Breitenacher. 124 S. 1976. DM 48,—

88 **Investitionsinduzierter technischer Fortschritt.** Von K. H. Oppenländer. 148 S. 1976. DM 48,—

89 **Konjunkturschwankungen in Bayern.** Von A. Gebhardt und O. Hatzold. 162 S. 1976. DM 46,60

90 **Handhabung und Wirkung der unverbindlichen Preisempfehlung.** Von E. Batzer, E. Greipl und E. Singer. 143 S. 1976. DM 49,60

91 **Technik-Indikatoren.** Von L. Scholz. 122 S. 1977. DM 48,—

92 **Effizienz der indirekten steuerlichen Forschungsförderung.** Von K. Ch. Röthlingshöfer und R.-U. Sprenger. 124 S. 1977. DM 48,—

93 **Innovationspolitik zur Modernisierung der Produktions- und Fertigungstechnik.** Von L. Scholz. 85 S. 1977. DM 46,—

94 **Probleme der Innovationspraxis in der Industrie.** Von K. Grefermann und R.-U. Sprenger. 122 S. 1977. DM 48,—

95 **Die Lagerhaltung des Groß- und Einzelhandels aus struktureller, konjunktureller und betriebswirtschaftlicher Sicht.** Von E. Singer. 102 S. 1977. DM 44,60

96 **Wettbewerbssituation und -entwicklung des Einzelhandels in der Bundesrepublik Deutschland.** Von E. Greipl. 236 S. 1978. DM 78,—

97 **Neue Technologien in der Industrie.** Hrsg. von L. Nabseth und G. F. Ray. XXIV, 387 S. 1978. DM 126,—

98 **Der Innovationsprozeß in westeuropäischen Industrieländern.** I: Sozialwissenschaftliche Innovationstheorien. Von V. Müller und G. Schienstock. 293 S. 1978. DM 96,—; II: Der Ablauf industrieller Innovationsprozesse. Von L. Uhlmann. 240 S. 1978. DM 98,—; III: Innovation in der Energiewirtschaft. Von G. F. Ray. 241 S. 1979. DM 94,—; IV: Staatliche Innovationspolitik. Von H. W. Hetzler, V. Müller, G. Schienstock. 101 S. 1978. DM 36,60

99 **Determinanten und Prozesse der Investitionsentscheidungen von Luftverkehrsgesellschaften.** Von H. Out. 203 S. 1978. DM 78,—

100 **Zur Schätzung und Beurteilung konjunktureller Wirkungen öffentlicher Haushalte.** Von R. Lenk. 281 S. 1978. DM 96,—

101 **Beschäftigungseffekte der Umweltpolitik.** Von R.-U. Sprenger. 208 S. 1979. DM 48,—

102 **Unternehmerischer Handlungsspielraum in der aktuellen wirtschafts- und gesellschaftspolitischen Situation.** Hrsg. von K. H. Oppenländer. XVI, 312 S. 1979. Lw. DM 48,—

103 **Auslandsmessen als Instrumente der Außenhandelsförderung.** Von E. Greipl und E. Singer. 147 S. 1980. DM 48,—

104 **Wirtschaftliches Wachstum in der Bundesrepublik Deutschland.** Von K. W. Schüler. 118 S. 1980. DM 52,60

105 **Konsum- und Investitionsverhalten in der Bundesrepublik Deutschland seit den fünfziger Jahren.** Bd. I: Bestimmungsgründe des Konsumverhaltens. Von F. Fotiadis, J. W. Hutzel, S. Wied-Nebbeling. XX, 430 S. 1980. DM 136,—; Bd. II: Das Investitionsverhalten der Industrie im Spiegel von Investorenbefragungen. Von L. Uhlmann. XIV, 163 S. 1981. DM 78,—

106 **Technischer Fortschritt — Auswirkungen auf Wirtschaft und Arbeitsmarkt.** Gutachten der Projektgemeinschaft Ifo-Institut für Wirtschaftsforschung, ISI-Fraunhofer-Institut für Systemtechnik und Innovationsforschung, Infratest Wirtschaftsforschung. 89 S. 1980. DM 28,60

107 **Analyse der strukturellen Entwicklung der deutschen Wirtschaft.** Strukturberichterstattung 1980. I: 403 S. 1981. DM 66,—; II: Methodenband. 301 S. 1981. DM 58,—

108 **Der Einfluß des Steuersystems und des kommunalen Finanzsystems auf die Landesentwicklung.** Von W. Leibfritz und S. Teschner. 342 S. 1981. DM 136,—

109 **Wettbewerbswirkungen der unternehmerischen Patent- und Lizenzpolitik** unter besonderer Berücksichtigung kleiner und mittlerer Unternehmen. Von E. Greipl und U. Chr. Täger. 207 S. 1982. DM 76,—

110 **Entwicklungstendenzen im deutschen Auslandsbau.** Von K. Behring u. a. 192 S. 1982. DM 76,—

111 **Der Einfluß der Steuern auf die Investitionstätigkeit der Unternehmen.** Von H.-G. Jatzek und W. Leibfritz. 260 S. 1982. DM 88,60

112 **Überprüfung der verschiedenen Schätzungen der Vermögensverteilung in der Bundesrepublik Deutschland.** Von Ch. C. Roberts und H. Stiepelmann. 211 S. mit 1 Tafel. 1983. DM 78,—

113 **Patentwesen, technischer Fortschritt und Wettbewerb.** Hrsg. von K. H. Oppenländer. 262 S. 1984. Lw. DM 88,—

114 **Strukturwandel unter verschlechterten Rahmenbedingungen.** Strukturberichterstattung 1983. Von W. Gerstenberger. XII, 256 S. 1984. DM 48,—

115 **Der Technologietransfer in der Bundesrepublik Deutschland.** Von U. Chr. Täger und L. Uhlmann. 252 S. 1984. DM 96,—

116 **Auslandsinvestitionen kleiner und mittlerer Unternehmen.** Von M. Berger und L. Uhlmann. 164 S. 1985. DM 64,—

117 **Steuerliche Investitionsförderung im internationalen Vergleich.** Von W. Leibfritz und C. Meurer. 255 S. 1985. DM 96,—